大学生心理健康教育

主　编　卫东文

副主编　王旭芳　张留逸　蒋凤

编委会
徐易　张高　李薛　陶　锁燕　琳倩　婧蓓　蓓丹　娟
天　新华　金昕　毅　娥晓　峰　王罗　李赵
曾　刘　瑞耀　田海　于伟　张俊　姚　贾　常
琴　兴　向平　华星　玲艳　娟
王　丽　郑　刘　于　亚　晓萍　丹　蓉
於振　张逸　查振　殷丽　刘洪　江　李华　彭　张
东文　芹茹　娟娟　霞滢　平艳　进凯　董　王

南京大学出版社

图书在版编目(CIP)数据

大学生心理健康教育 / 王卫，蒋凤锁主编. —— 南京：
南京大学出版社，2017.11(2021.7 重印)
ISBN 978－7－305－19585－3

Ⅰ.①大… Ⅱ.①王… ②蒋… Ⅲ.①大学生－心理
健康－健康教育 Ⅳ.①G444

中国版本图书馆 CIP 数据核字(2017)第 274057 号

出版发行　南京大学出版社
社　　址　南京市汉口路 22 号　　　　邮　编　210093
出 版 人　金鑫荣

书　　名　**大学生心理健康教育**
主　　编　王　卫　蒋凤锁
责任编辑　刁晓静　　　　　　　编辑热线　025－83592123

照　　排　南京南琳图文制作有限公司
印　　刷　南京京新印刷有限公司
开　　本　787×960　1/16　印张 11.25　字数 260 千
版　　次　2017 年 11 月第 1 版　2021 年 7 月第 2 次印刷
ISBN 978－7－305－19585－3
定　　价　34.00 元

网址：http://www.njupco.com
官方微博：http://weibo.com/njupco
官方微信号：njupress
销售咨询热线：(025) 83594756

前　言

　　心理健康教育一直是我国高校德育教育的重要组成部分,2011年教育部发布《普通高等学校学生心理健康教育工作基本建设标准(试行)》等文件明确要求:"高校学生心理健康教育课程是集知识传授、心理体验与行为训练为一体的公共课程,课程旨在使学生明确心理健康的标准及意义,增强自我心理保健意识和心理危机预防意识,掌握并应用心理健康知识,培养自我认知能力、人际沟通能力、自我调节能力,切实提高心理素质,促进学生全面发展。"

　　基于这样的目的,本书要承担起教材和生活指导书籍的双重作用。此外,本书有以下几个特点:一是主题鲜明而全面。本书所涉及的大学生活适应、学习心理、人际交往、爱情等几个主题基本上覆盖了大学生心理健康教育的各个方面。二是教学方法的多样化。三是课堂知识教学与课外小资料的有机结合,教学方式多样化。

　　由于编写水平有限,经验不足,教材中难免存在一些问题和不足之处,敬请各位专家、读者赐批评指正,以便我们再版时改进。

编　者

2017 年 9 月

目　录

第一章　大学生心理与心理健康概述……………………………… 001

第一节　心理与心理健康…………………………………………… 002

第二节　影响大学生心理健康的因素……………………………… 008

第三节　大学生常见心理问题及调适……………………………… 012

第四节　大学生心理健康的培养…………………………………… 024

课后小资料………………………………………………………… 026

第二章　大学生适应心理………………………………………… 029

第一节　大学生心理适应概述……………………………………… 030

第二节　大学生的角色与环境变化………………………………… 031

第三节　大学新生适应不良的应对策略…………………………… 037

课后小资料………………………………………………………… 045

第三章　大学生自我意识………………………………………… 047

第一节　自我意识概述……………………………………………… 047

第二节　自我意识的完善…………………………………………… 060

第三节　大学生健全人格的塑造…………………………………… 066

课后小资料………………………………………………………… 067

第四章　大学生学习心理………………………………………… 070

第一节　大学生学习的特点………………………………………… 071

第二节　大学生常见的学习心理问题与调适……………………… 074

第三节　大学生学习能力和学习方法的培养……………………… 080

课后小资料………………………………………………………… 087

第五章　大学生的人际交往……………………………………088
　第一节　大学生人际关系概述……………………………………089
　第二节　大学生人际交往的特点及常见问题……………………091
　第三节　大学生人际交往的原则及技巧…………………………093
　课后小资料…………………………………………………………101

第六章　大学生的爱情心理……………………………………103
　第一节　爱情概述…………………………………………………104
　第二节　大学生常见的恋爱问题…………………………………109
　第三节　培养爱的能力……………………………………………113
　课后小资料…………………………………………………………122

第七章　大学生的压力、挫折及应对…………………………127
　第一节　大学生常见的压力与挫折………………………………128
　第二节　大学生压力和挫折的产生及特点………………………131
　第三节　大学生压力和挫折的应对策略…………………………141
　课后小资料…………………………………………………………146

第八章　大学生生命教育………………………………………148
　第一节　生命的价值………………………………………………150
　第二节　生命的心理评价…………………………………………156
　第三节　珍爱生命，拯救生命……………………………………165
　课后小资料…………………………………………………………173

第一章　大学生心理与心理健康概述

　　某高等院校学生的第一堂心理健康教育课上,老师正和学生分享一个话题:你觉得在高等院校有必要开设心理健康教育课吗? 同学 A 说:"我认为没有必要。高中的老师说:考上大学,你们就进入了天堂,课程会很轻松,你们有很多可供支配的时间,但事实上,我们的课程安排得很满,还要上什么和我们没有关系的心理健康课,简直就是浪费时间。"同学 B 说:"我很健康,没有什么心理问题,所以我认为开设这样的课程没有必要。"同学 C 说:"我认为是有必要的,当今社会竞争激烈,很多人都会产生心理问题,了解一些这方面的知识是有好处的。"当老师和同学分享"你有了心理困惑时,你会去做心理咨询吗?"这个话题时,多数同学表示不会去做心理咨询。同学 D 说:"我不会去做心理咨询,因为我觉得去做心理咨询的人都是精神上有问题的人。"同学 E 说:"在高中时,我就有过去做心理咨询的冲动,但是我一直很矛盾,主要是怕别人不理解。"同学 F 说:"我可以理解别的同学去做心理咨询,但是我自己不会去的。"只有少数同学表示愿意去做心理咨询。

　　大学阶段是一个人成长的关键时期。青年学生思想活跃,求知欲旺盛,热情奔放;但情绪易波动,易受挫折,容易偏激。许多人并不缺乏才华、能力和机遇,却与成就和幸福擦肩而过,其根本原因就是因为不具备健康的心理和良好的个性。实践告诉我们,一切成就、财富和幸福都源于健康的心理。

第一节 心理与心理健康

一、心理的实质

人们对心理实质的理解曾经存在着不同的认识：唯心主义者认为心理现象是不依物质而存在的灵魂、宇宙精神或与身体无关的"心"的活动的表现；唯物主义者认为心理现象是自然界发展中高级物质形态的属性，是身体特殊部分活动的表现。现在我们知道唯心主义者的观点显然是错误的。持唯物主义观点的人，虽然都认为心理活动起源于物质，是物质活动的产物，但也有区别。还有一种观点认为心理源于心。在我国古代，很长时期人们认为心理现象是心脏活动的产物，孟子说："心之官则思。"荀子也说："心居中虚，以治五官。"他们都认为心脏的功能是思考问题。我国的汉字还保留着大量这样的痕迹，大多表示心理活动的字都和"心"有关，如忘、想、思、念、怒、恨等。从"心理学"这几个字上就可以看到这种观点的影响。另一种观点认为心理源于脑。我国明代著名医学家李时珍提出了"脑为元神之府"的论断，认为脑是高级神经中枢的地方，聚集着人的精神。清代名医王清任根据他自己对尸体解剖和大脑病理的临床研究，也提出了"灵机、记忆不在心在脑"的著名论断。随着现代医学的发展，特别是解剖学和临床医学的日趋成熟，通过对脑的生理研究，证明任何一种心理活动都和脑的一定部位有关。临床观察发现，任何脑部位的损伤，在导致人生理机能变化的同时也引发了心理变化，使与之相应的某种心理活动受到阻碍。例如，大脑的额叶损坏就会导致智力的降低和性格的反常，使一个本来温和宁静、有理智的人变成粗野急躁、不能自制的人。这些都表明，前一种观点是错误的，脑才是产生心理的器官，心理是脑的机能。

1. 心理是脑的机能

心理是脑的机能，脑是心理活动的器官。没有脑的心理，或者说没有脑的思维是不存在的。正常发育的大脑为心理的发展提供了物质基础。人的大脑是最为复杂的物质，是物质发展的最高产物。心理现象是在动物适应环境的活动过程中，随着神经系统的产生而出现，又是随着神经系统的不断发展和不断完善，才由初级不断发展到高级的。无机物和植物没有心理，没有神经系统的动物也没有心理，只有拥有神经系统的动物才有心理。心理现象产生和发展的过程,也说明了心理是神经系统,特别是大脑活动的结果;神经系统,特别是大脑,是从事心理活动的器官。

尽管人的心理与动物的心理有某种进化、发展的关系,但人的心理绝非由动物心理自然而然地演变而来,而是在自然生活条件和社会生活方式发生了变化的条件下,在劳动和语言的促进下,猿脑逐渐变为更为完善的人脑,动物心理才变为人的心理。人在出生时,虽然已经具备了人所特有的解剖生理机制,为以后的心理发展提供了可能性,但还没有成熟。儿童的心理活动与成人的心理活动无论在量的方面还是质的方面都有显著的差异,这与儿童和成人脑发育的成熟程度上的差异是密切相关的。如脑的重量变化,新生儿为 390 克,8～9 个月的婴儿为 660 克,2～3 岁的幼儿为 900～1 011 克,6～7 岁的儿童为 1 280 克,9 岁的儿童为 1 350 克,12～13 岁的少年脑平均重量已经和成人差不多了,达到 1 400 克。随着脑的发育,人的心理也由最初的听觉、视觉发展起来,逐渐产生了知觉和表象,后来又产生了言语和思维。一些无脑儿、双脑儿和裂脑人的特殊情况更进一步说明心理是同大脑这一特殊物质分不开的。先天无大脑的畸形儿,脑腔里只有一腔浆液,这样的婴儿别说会有什么复杂的心理,就连维持生命都极为困难,出生时或出生后几天就会死亡。可见没有健全的大脑,便没有正常的心理。这一点,无脑儿提供了难得的证据;双脑儿则进一步说明,大脑是影响心理活动最关键的部位。

前苏联曾发现一个同体异头的双生子,只活到 4 岁。这个双生子有同一个身体、肺、胃和心脏,有上下四肢,但却有两个头。一个头叫马莎,睁眼不眠,不爱讲话,喜欢安静;另一个头叫卡嘉,总爱睡觉,爱讲话,易发脾气。两个头有时自言自语,有时相互畅谈。

2. 心理是客观现实的反映

脑是心理的器官,但脑本身并不产生心理,心理既不是大脑天生固有的产物,也不是大脑自动产生的东西,而是客观物质世界在大脑中的反映。即心理现象是客观事物作用于人的感觉器官,通过大脑活动而产生的。所以客观现实是心理的源泉和内容。离开客观现实来考察人的心理,心理就变成了无源之水,无本之木。例如,用刀刻木头,留下刀痕是反映;人照镜子,镜子里呈现人像也是反映。反映是物质的普遍属性。随着物质的发展水平不同,反映也有不同的形式。客观事物作用于脑产生心理,这是更高级的反映形式。客观现实是指独立于人的心理之外、不依赖于人的心理而存在的一切事物。客观现实可分为三类:第一类是自然现实,包括日月星辰、山川树木、江河湖海等;

第二类是经过人加工的现实,如工厂、车辆、工具、笔墨、纸张等;第三类是社会现实,主要指人们的社会存在,即人所处的社会制度和人的各种社会关系,也包括人们的交往、语言等方面。

据统计,至 20 世纪 50 年代末,人们已发现了 30 个由野兽在野地里抚育大的小孩,其中多数是"狼孩",也有"豹孩""熊孩"。由于这些孩子长年和野兽一起生活,所以养成了动物的生活习性。当他们 10 岁左右被救回到人类社会时,他们有嘴不会说话,有手不会劳动,有脑不会思维;白天爱躲藏起来,夜间爱潜行;他们一般用四肢爬行,爱吃生食。

1920 年,印度人辛格有一次在狼窝里发现了两个小女孩,小的约 2 岁,带回后很快死去了,大的约 8 岁,取名为卡玛拉。卡玛拉返回人类生活圈时用四肢行走,用双手和膝盖着地歇息,不会用手吃饭、喝水。她害怕强光,夜间视觉敏锐,每天夜里像狼一样嚎叫,拒绝穿衣服及盖毯子。经过辛格的照料和教育,她 2 年学会了站立,4 年学会了 6 个单词,6 年会走,7 年学会了 45 个单词,同时学会了用手吃饭、用杯子喝水,到 17 岁临死时她只有相当于 4 岁儿童的心理发展水平。

尽管卡玛拉有人脑这一物质基础,但她长期生活在狼群里,脱离了人类社会,她只有狼的本性,而不具备人的心理。由此可见,心理也是社会的产物,离开了人类社会,即使有人的大脑,也不能自发地产生人的心理。

心理的反映不是镜子式的反映,而是能动的反映。因为通过心理活动不仅能认识事物的外部现象,还能认识到事物的本质和事物之间的内在联系,并用这种认识来指导人的实践活动,改造客观世界。

3. 心理以活动形式存在

心理是客观现实在大脑中的主观反映,也就是一种看不见、摸不着的映像,看不见、摸不着并不代表它就是虚无缥缈的,它可以通过人的活动存在和表现。所以,就有了察言观色,揣摩心理,当然,也就有了心理学。有时候,一些小动作会泄露我们内心的秘密,这一切,也就是心理活动。相信大家就算没有玩过也一定见过或听过"请碟仙"吧。就是几个人围着一张桌子,桌上铺着一张画着一些标记符号的纸,纸中间倒扣着一个碟子,每个人伸出一只手指放在碟子上,然后请出"碟仙"问问题,碟子就会在纸上移动,找到相应符号,组成答案。如果不是有人故意地欺骗,这种现象可以解释为无意识运动的结果。即你既然在想某一个运动,就是说有了动觉表象,你就会不经意地、不知不觉地做这个运动。总之,心理是脑的机能,是人脑对客观现实的主观反映,这两者是相互联系、密不可分的。片面强调客观对心理的决定作用，忽视对脑的依存性，将会成为"无头脑的心理学"；而忽视心理现象的产生有赖于客观刺激对脑的影响，也会犯生物学方面的错误。同时，人脑只有在人的社会中才会充分发展。人的心理、脑和客观现实，永远处于相互作用之中。人们通过大脑反映客观现实、改造客观现实的各种实践活动，不断地丰富和发展自己的聪明才智，形成自己的世界观。

4. 心理的构成

走进教室，会看到教室里的桌子、椅子、黑板，这是我们在用视觉来感知周围的事物；当听到教室里同学讲话的声音，我们是在用听觉来感知客观的世界。视觉、听觉、嗅觉、味觉、触觉、动觉等都属于感觉，感觉是人对某个客观事物个别属性的反映。而通过大学一段时间的学习，我们知道了高等数学有一定的难度，不下工夫很难过关；懂得了外语的学习要多听、多看、多讲、多练；明白了大学的学习和中学有很多不同的地方。其中，知道了、懂得了、明白了什么，就属于知觉，知觉是对某个事物整体属性的反映。为了更好地感知事物，就必须集中注意力，同时还要回忆以往的经验，进行想象和思维等，这些都属于心理活动中认知活动的过程。人的心理除了认知活动之外，还有情感活动和意志活动。人们在认识了一定的客观事物之后，就会产生一定的态度，比如喜欢或者是讨厌，这就是情感过程，情感过程是伴随认识而来的。人们对客观事物不仅要认识，还要进行相应的处理和改造，为此，就要提出目标、制订计划，同时还要克服困难，进行坚持不懈的努力，这就是意志过程。人的心理除了一般的共性之外，还有个性，这就是人的心理的差异性。不同的需要、理想、信念、世界观，不同的兴趣、气质、能力、性格，构成了人的个性的不同心理特征，构成了人的心理的千姿百态，构成了千人千面。

二、心理健康的标准

1. 心理健康的区分尺度

所谓区分尺度，就是用什么标准来确定某人是否心理健康。非常遗憾的是，目前没有一个恰当的标准，而且也不可能用某一条标准区分复杂的心理现象。其原因：一是心理活动正常与否没有一个明显的界线；二是不健康的心理活动受到多种因素的影响，这些因素主要包括客观环境、主观经验、心理状态以及人际关系和社会文化关系等；三是评判者的主观看法是有差异的。所以，不可能有完全划一的标准来确定心理健康。但是不同专家从不同角度，相对地还是确立了一些标准。

（1）统计学标准

它以统计学的正态分布理论为理论基础，建立在心理活动存在定量性差异的假设之上。以近于均值作为正常，偏离均值作为变态，偏离愈远，变态愈重。统计学标准的优点是比较客观，局限是应用中在某些领域不适合，如智商分布就是正态曲线分布，按照上面的说法有可能将高智商的天才与低智商的白痴一同视为变态的情况，这显然是不对的。

（2）心理测量学的标准

通过有效的心理测验量表，对个体或群体实施测验，从量化上来确定是否心理健康。标准化量表一般有较好的可信度和有效度；局限是任何量表都要适合本国情况，从而要进行修订。心理测量专业性很强，要由专业人员施测，分数解释也较重要，因此，这种方法的范围受到限制。

（3）生理学标准

有些心理变态是由于某些生理、生化、神经、遗传等器质性原因造成的，因此，把这些原因找出来，就能较好地确定心理变化。但是此项标准适用范围小，而且心理变化不是单一原因造成的，可能受多种因素的影响。

（4）社会规范标准

它是以社会所规定的道德、价值、规范来评判个体的心理行为是否属于正常。这个标准带有地区性和民族性，而且随着时代变迁也会有所变化。

2. 大学生心理健康的标准

根据大学生所具备的年龄特征、心理特征和社会特征，大学生心理健康的基本标准可概括为以下几个方面：

（1）智力正常。智力是指人们认识、理解客观事物并运用知识、经验等解决问题的能力，包括观察力、注意力、记忆力、思维能力和想象力。智力正常是人们从事一切活动的最基本的心理条件，它是大学生胜任学习任务、适应周围环境变化的心理保证，是大学生心理健康的首要标准。大学生智力正常表现在：能保持浓厚的学习兴趣和强烈的求知欲；智力因素在学习中能积极协调地发挥作用；能保持较高的学习效率，掌握有效的学习方法；从学习中能获得满足感和快乐感。

（2）情绪稳定。情绪是指有机体对外界刺激引起的生理和心理变化的一种态度体验，也是影响心理健康的一个重要因素，对人们工作、学习、人际关系有着重要影响。情绪异常往往是心理疾病的先兆。情绪稳定的大学生能经常保持积极愉快的心境,热爱生活,对未来充满希望;善于控制和调节自己的情绪,遇到挫折时,情绪反应适度并能泰然处之。

(3)意志健全。意志是人自觉地确定目标并支配与调节其行动,克服困难达到预定目标的心理过程。意志健全主要体现在行动上的自觉性、果断性、顽强性和自制力等方面。对于大学生来讲,就应该有明确的学习和生活目的,并有坚定的信念和自觉的行动;在各项活动中具有坚韧性、果断性、独立性和较高的自制力;具有充分的自信心、高度的责任感和使命感,能克服不良习惯,克制不良欲望,抵御不正当诱惑。

(4)意识清醒。自我意识是指人们对自己及自己与周围关系的认识和体验,也是人们认识自己和对待自己的统一。大学生是在现实环境里与他人的相互关系中认识自己的。心理健康的大学生在自我认知方面有"自知之明",能客观正确地评价自己,自信、乐观,既不妄自尊大,也不妄自菲薄、自暴自弃;在自我体验方面,自尊自爱,自我肯定而不是自轻自贱;在自我控制方面,自主、自强、自律,能促进自我全面发展与完善。

(5)人格统一。人格通常也指个性,人格统一是指人格作为人的整体精神面貌能够完整和谐地表现出来。这是大学生心理健康的核心因素。大学生人格统一的标志是:有正确的信念体系和世界观、人生观,并以此为核心把需要、动机、兴趣、理想及气质、性格、能力统一起来,和谐发展;具有正确的自我意识,不产生自我同一性的混乱,表里如一;能够抵制口是心非、阳奉阴违等人格分裂的不良倾向,更不能出现双重人格与多重人格。

(6)人际关系和谐。人际关系和谐是大学生心理健康的重要保证。心理健康的大学生敢于交往、乐于交往、善于交往,有着广泛而稳定的人际关系;在交往中能用真诚、宽容、理解、信任的态度与人相处;能理智地接受和给予爱;与集体保持协调的关系;在人际交往中能正确处理人际冲突,化解矛盾,处理好竞争与互助的关系。

(7)行为反应适度。人的心理特征是随着年龄的增长而不断地发展变化的。在人生的不同年龄阶段,都应有相应的心理行为表现。心理健康的人,认知、情感、意志、行为都是符合其所处年龄阶段基本特征的。大学生正处于朝气蓬勃的青年阶段,因此,心理健康的大学生应是精力充沛、勤学多问、反应敏锐、积极探索、勇于创新、不断进取的,而不是老成迂腐、保守落后或天真幼稚及过于依赖的。

(8)社会适应能力良好。社会适应能力包括正确认识社会环境及处理个人和环境的关系。心理健康的大学生能在社会环境改变时,面对现实,对环境作出客观的认识和评价,主动调整自我从而积极地适应环境;能和社会保持良好的接触,不断调整自己对现实的期待及态度,使自己的思想、目标、行为和社会协调一致;当社会环境出现负面变化时,不是被动消极地去适应,而是积极主动地去影响周围的环境,保持头脑清醒,不随波逐流、人云亦云等。

在判断大学生是否符合心理健康标准时,应注意以下几点:

(1)心理不健康与有不健康的心理不能等同。心理不健康是指一种持续的不良心理状态,偶然出现的一些不健康的心理和行为,不能等同为心理不健康或心理疾病。

(2)心理健康与心理不健康或心理正常与心理异常之间没有绝对界限,在心理正常和心理异常之间有一个广阔的过渡带(包括心理健康状态)。

(3)心理健康的状态是一个动态的变化过程,不是固定不变的。随着时间的推移、环境的变化及自身的成长,每个人的心理健康状态都会不断地发生变化。

上述大学生心理健康的标准只是一种相对衡量尺度,它只反映了大学生在适应社会生活方面应具有的最基本的心理条件,而不是心理健康的最高境界。心理健康有三个层次:预防心理障碍的出现,即不患心理疾病是心理健康的最低要求;能够有效地学习、生活、交往是心理健康的第二境界;发挥自身潜能、促进自我价值实现、追求自身全面发展是心理健康的最高境界。我们每个大学生都应努力追求心理健康的更高境界,不断发展自我和完善自我。

第二节　影响大学生心理健康的因素

一、大学生心理特点

人从出生到成熟,生长发育要经历两次高峰,第一次是一岁左右,第二次是十一二岁到十七八岁的青春期。大学生正处于第二个高峰的后期,这一时期是整个人生中最宝贵的黄金时期,生理和心理都开始走向成熟。这个时期大学生心理发展方面的主要表现是:由未完全成熟向成熟迅速过渡。一方面,大学生觉得自己长大了,成人感明显增强;另一方面,又摆脱不了对父母老师的依赖,独立性与依赖性并存。具体地表现出下述特点:

1. 智能发展达到高峰

人的智能是先天因素、教育影响、个人努力等几个方面共同作用的产物。大学的环境为智能的开发提供了良好的条件,而大学生的身心特点又决定了大学期间是智能发展的关键时期。在这一时期,大学生能否使自己的观察力、记忆力、思维能力、想象力及注意力等基本心理特征获得应有的正常发展,对于能否顺利地完成学业、奠定未来发展基础具有重要意义。

2. 情绪情感日益丰富

与中小学生相比较,中小学生情绪的变化主要来自外部刺激,而大学生的情绪变化主要源于内部需求结构的变化;与情绪较稳定的成年人相比较,大学生由于正处于迅速发展期,而经常表现出波动性较大的不稳定性特点。多方面需要的产生,使得大学生的情绪日益丰富而激烈。随着大学生所受教育程度的提高及学校、社会环境带来的影响,大学生的情感也在迅速走向成熟。

3. 自我意识明显增强

大学生脱离了原来熟悉的生活环境及父母的呵护,生活空间骤然扩大,独立感、成人感迅速增强,自我意识也随之增强。开始重视自我评价与自我表现,同时渴望得到他人的认可。

4. 性意识迅速发展并渐趋成熟

大学生正处于青年中期,生理发育已基本完成,性意识逐渐增强并明朗化。性意识的发展使大学生开始按照性别特征来塑造个性形象,并开始了对异性的关注与追求。此时,恋爱过程也成了大学生心理发展过程中的一个重要因素。

二、影响大学生心理健康的因素

大学生心理问题是诸多因素共同作用于个体的结果,其产生的原因是多方面的,既有生理因素,也有心理因素和社会环境因素。

1. 社会环境因素

很多心理问题是由环境适应不良引起的。在我国,随着对外开放和市场经济体制的逐步确立,整个社会结构、生活方式、价值观念和行为模式都在发生着巨大的变化。大学生是社会上最积极、最敏感和最富有活力的人,但由于其正处于人生观、价值观的形成时期,心理发展还不成熟。因而,这些社会变化会给大学生的心灵带来强烈的冲击。新旧观念的碰撞,东西文化的冲突,理想与现实的反差,常常使大学生感到混乱、茫然、顾虑、紧张和无所适从。长期的心理失调必然带来心理上的冲突,出现适应不良的种种反应。

在现代社会中,大学生面临的挑战很多,心理承受着多种社会压力:有来自社会责任的压力,有来自生活上的压力,有来自家庭的压力,有来自学习和竞争的压力,有来自人际关系和情感的压力,也有来自就业的压力以及整个社会生活节奏不断加快所带来的压力等。

这些压力过于沉重,就会引发心理障碍。因此,我们要不断加快认识的步伐,及时进行自我调整,以适应新的社会环境。

2. 学校文化环境因素

学校文化环境是促使大学生心理走向成熟的一个重要场所。校园的物质环境、学习环境及文化氛围对大学生的心理健康有着直接、深刻的影响,但如果校园文化氛围不良,将对大学生心理发展产生消极作用。下列因素对大学生的心理健康将产生不良影响。

第一,教育思想贯彻的片面化。在我国高等教育体制中,长期以来偏重于智力因素的培养,而忽视非智力因素的培养,致使大学生心理素质出现失衡,不能全面健康地发展。近年来,我国虽大力提倡素质教育,但仍未见有明显好转。

第二,不良的校风、班风与学风。其中,学风的影响至关重要。所谓学风,是指学习风气,包括学习态度、学习精神、学习风格和学习方法。一所学校有一所学校的学风,一个班级有一个班级的学风。优良的学风,不仅能有力地促进和保证学习任务的完成,而且有利于丰富、充实大学生的精神世界,有利于塑造美好的心灵,有利于推动大学生的人格向着更加高尚和完美的方向发展。良好的校风、班风与学风对于大学生的生活与学习会产生积极的影响。相反,如果校风不佳,班风涣散,学风不正,将对大学生心理的发展产生消极影响。

第三,单调的业余文化生活。大学生具有思维活跃、富于幻想、情感丰富、精力充沛等特点,入学前往往把大学生活想象得浪漫美好,但现实中"三点一线"的单调生活与理想形成的强烈反差会导致其对大学生活产生枯燥乏味之感,甚至会产生厌烦、空虚、压抑、失望和苦闷等心理症状。长此以往,对心理健康极为不利。

3. 家庭环境因素

心理学研究证明,家庭环境对人的个性会产生很大影响,特别是早年形成的人格结构对以后的心理发展影响尤为深远。家庭环境因素包括家庭结构、家庭人际关系、父母教育方式、父母人格特征等。家庭结构不全,如单亲家庭、父母离异往往会影响儿童心理的正常发育,使儿童产生冷漠、孤僻、懦弱、早熟、自卑和仇视心理;家庭人际关系不和,如父母关系紧张,经常吵架,会使儿童形成胆小、敏感和忧郁的个性。父母的人格特征和教育方式对儿童人格的影响更大。一般来讲,家教方式有放任式、专制式、溺爱式和民主式四种。放任式往往会导致儿童形成任性、散漫、无纪律和顽皮等个性;专制式往往会导致儿童产生冷漠、盲从、懦弱、胆怯、不灵活和缺乏自尊自信的心理倾向;溺爱式则易导致儿童自私、依赖、任性、骄横和情绪不稳等;民主式一般会使儿童形成热情、诚实、自信、大方和宽容的良好个性。如果父母教育方式出现分歧和互相拆台,则子女容易养成圆滑、讨好、投机和说谎的不良行为。国外学者对恐惧症、强迫症、焦虑症和抑郁症四种神经症患者的早期经历与家庭关系的调查表明,这四种患者的父母与正常个体的父母相比,表现出较少的温暖、较多的拒绝态度和过分的保护。儿童早期任性和安全感的缺乏,随着心理发展会逐渐产生一种无助感,难以与他人相处,因而容易产生心理异常。所以,在大学生的各种典型心理问题和心理疾病中,常常可以看到家庭影响的痕迹。

4. 个体心理因素

大学生个体心理因素是影响和制约其心理健康的主要原因。具体说来有以下几点:

(1) 认同的危机。青年人在认识自我时,总会遇到一系列矛盾和冲突,处理不好,就会带来一系列心理问题。为此,心理学家们往往把青春期视为"自我认同危机期",而大学生的自我意识往往难以在理想自我和现实自我的矛盾中达成统一。大学生在确立"自我同一性"的过程中,往往会经历种种困惑和迷惘,在情感起伏中,容易诱发心理障碍。

(2) 情绪冲突。情绪冲突是大学生心理冲突的主要表现形式。大学生正处于情绪发展最丰富、最敏感也最动荡的时期。大学生情绪表现出两极性、矛盾性的特点,使他们在遭受挫折时,往往会产生种种不良的情绪反应,情绪容易冲动失控,导致不良后果。

(3) 性的困惑。处于青春期的大学生,性生理已经发育成熟,性意识开始觉醒,在心理上已经有了性的欲望与冲动,很多大学生开始向往与介入朦胧的校园爱情。然而,由于社会道德、法律、学校制度和理智的约束,性的生物性与社会性有时会发生冲突,并由此引发一系列心理问题。

(4) 个性缺陷。同样的环境,同样的挫折,不同的个体有着不同的反应模式,这与人的个性直接相关。有些大学生存在不良性格,如自卑、怯懦、孤僻、冷漠、固执、急躁、鲁莽、虚荣、任性、忧郁、自私等,还有的大学生存在人格障碍,如偏执型人格、强迫型人格等。这些个性缺陷都是有碍心理健康的,而其中有些缺陷本身就是心理障碍的典型表现。

(5) 人生观动荡模糊。大学时代既是人生观逐渐形成、确定的时期,也是面临多元化价值体系选择的时期。由于当代大学生处在东西文化交叉、多种价值观冲突的时代,面对不同于以往的文化背景和多种价值选择时常常感到茫然,导致人生观动荡不定或出现偏差。在诸如个人利益与个人主义,个性发展与个性放纵,自我意识与自我中心,现实主义与实用主义等问题上认识模糊;求新求异的心理,使某些大学生盲目追求西方现代文化,当这些追求与现实发生冲突时,往往造成其在人生道路选择上处于两难或多难境地。

(6) 心理发展中的内在矛盾。青春期的大学生正处于迅速走向成熟而又未真正成熟的阶段,这是一个充满矛盾与危机的时期。诸如理想与现实的矛盾;情感与理智的矛盾;依赖性与独立性的矛盾;心理困惑与寻求理解的矛盾;性意识觉醒与性压抑的矛盾,等等。这些心理矛盾解决得好会转变为心理发展的动力;如果解决得不好,长期处于矛盾冲突中,就会破坏心理平衡从而引发心理问题。

第三节　大学生常见心理问题及调适

一、大学生常见的心理矛盾

大学生心理在发展过程中,也会产生一些矛盾和冲突。常见的心理矛盾有以下五种:

1. 闭锁性与开放性的矛盾

大学生心理闭锁性产生的原因是由于:大学生正处于以心理断乳为主要特点的时期。他们进入专业学习后,同学之间彼此不了解,他们也不愿意向他人(包括师长、同学)透露自己的思想感情,甚至对自己的父母也保持一定的心理距离。这种心理闭锁性常使大学生深感孤独。

然而,大学生心理又有开放性的特点。这是由于大学生正处于朝气蓬勃、精力充沛时期,内在潜力很大且一定要显露出来;另一方面,大学生要掌握更多的知识,要了解社会,要得到他人帮助,这一切都需要同其他人加强信息交流、思想沟通和感情联络才能实现。

大学生心理闭锁性和开放性的矛盾，常使他们处于不安和痛苦之中。学校和家庭都有责任帮助他们处理好这种矛盾。如家庭中两代人应该多一些相互了解，尊重对方的自尊心，减少代沟带来的心理差异，增强大学生吐露真情的机会；又如学校可以采用启发式教育，关心和爱护大学生。

2. 独立性与依赖性的矛盾

大学生进入大学后，深感自己已摆脱了家庭束缚，可以自由自在地处理各种问题。然而，他们还在经济等方面依赖家庭；他们还得受到学校规章制度的约束；在学业方面还得接受教师的指导和教育；特别是今后的择业问题，更离不开学校和家庭的指导和安排。对此，有些大学生常感到自己还不能实现"真正的独立"。这就是大学生心理的独立性和依赖性的矛盾。

3. 理想和现实的矛盾

几乎所有的大学生都是怀着美好的愿望和要求走进高等学府的。这些愿望和要求主要包括：名牌的大学、一流的教师、高质量的教材、包罗万象的图书资料、丰富多彩的娱乐、舒适的宿舍、幽雅的校园、价廉物美又富有营养的饭菜等。

当然，这些期待过高的愿望和要求必然与现实发生矛盾。大学生们遇到的现实常常是：只有极少数的大学生才能就读于名牌大学；为学生们讲课的教师有些算不上一流；资料室太小；伙食太差，价钱又太贵；校园太小，课堂外面噪音太大……中学时代憧憬的天堂般美好的大学生活神话破灭了。于是种种埋怨、后悔涌上心头。这种理想和现实的矛盾在很大程度上阻碍了大学生积极性的发挥。

4. 求知欲与识别力的矛盾

大学生的求知欲很强，他们不满足本专业知识的学习，乐于接受其他学科的新知识和新观点，他们更有兴趣学习新兴学科、应用科学。

然而，对于大学生来说，其识别力尚待提高，他们对外国的理论和著作，往往很难作出全面、恰当的评价，甚至把丑当做美，良莠不分，真伪不辨。这种求知欲和识别力的矛盾在不少大学生身上较为突出。

5. 性生理与性心理的矛盾

大学生学习时期，性生理已成熟，而性心理正趋向成熟。可是大学生需要在大学校园里进行半封闭的紧张学习，并且经济上不独立，他们的未来又有许多不确定因素，性心理成熟落后于性生理成熟的现实，导致许多与性有关的心理矛盾产生。而大学生对这类矛盾,往往极其敏感和多虑,这对他们的心理发展与成熟有着重要影响。恋爱对青春期的学生来说是生理和心理发展的必然所致,关键是如何处理好恋爱和学习、纪律、与他人的正常交往、集体活动等关系,否则就会陷入种种困惑而不能自拔。

这方面存在的问题包括:① 与异性交往困难而单相思,上课"走神儿",夜间失眠,萎靡不振,昏昏沉沉。② 多角恋爱。同时爱上了几个异性,对谁都爱恋不舍,不愿伤害其中任何一个人,于是奔忙于多角恋爱,难以顾及学习。③ 失恋。由于诸多原因而恋爱告吹,是一段很痛苦的历程,容易产生厌学、厌世等情绪。④ 被异性追逐而不得安宁。多为漂亮的男女生,主观上不想谈恋爱,但因被多个异性追逐而苦恼。⑤ 性自慰的焦虑和自责。有的大学生因为手淫习惯或因对性器官的某些自认为的缺陷而背上沉重的精神十字架,对生活失去了希望。也有的由于对异性的好奇而焦虑,难以克制窥视异性的欲望,事后常为一种罪恶感而自责和焦虑。还有同性恋、恋物癖等畸形"恋爱"心理,也是大学生健康成长和成才道路上的重要心理障碍之一。

上述大学生的种种心理矛盾,影响了大学生的身心健康,不利于大学生的全面发展。因而,学校有关部门应采取有效措施加以解决。既要善于理解大学生,还要善于引导大学生,同时还要善于关心大学生。

二、大学生常见的心理障碍

心理障碍或心理异常的行为表现各式各样,在大学生心理咨询中最常见的有下列几种类型:

1. 神经性障碍

神经性心理障碍也称神经官能症或精神神经症。这是一种没有查出任何器质性原因的精神障碍,是由于精神因素造成的常见病。其病态表现比较复杂,且患者大多还能应付必须面对的现实问题。所以在日常生活中,除了部分有明显躯体症状的患者外,绝大部分患者是以痛苦的主观体验为主。尽管这种主观的痛苦体验有时可以达到十分严重的程度,然而却难以被大多数人们察觉和理解。神经症可分为:焦虑症、恐惧症、神经衰弱和疑病症等。

焦虑是一种复杂的心理,它始于对某种事物的热烈期盼,形成过于担心失去这些期待、希望。焦虑不只停留于内心活动,如烦躁、压抑、愁苦,还常外显为行为方式。表现为不能集中精神干工作、坐立不安、失眠或梦中惊醒等。短期的焦虑,对身心、生活、工作无甚妨碍;长时间的焦虑,能使人面容憔悴、体重下降,甚至诱发疾病,给身心健康带来影响。如果一个人久陷焦虑情绪而不能自拔,内心便常常会被不安、恐惧、烦恼等体验所累,行为上就会出现退避、消沉、冷漠等情况。而且由于愿望的受阻,常常会懊悔、自我谴责,久而久之,便会导致精神变态,这便是焦虑症,或称焦虑性神经症。生活中充满着很多可能产生焦虑的情境。一般来说,如果矛盾的实质以及这些矛盾所引起的情绪体验和行为被你自己意识到的话,焦虑就可能以意识的状态存在;如果你不知道是什么打扰了你,未意识到你的行为是由于焦虑引起的话,那么这种焦虑症是以无意识的状态存在的,或者说是具有无意识的成分。有意焦虑和无意焦虑都可形成焦虑性神经症。虽然正常人也会有焦虑,但却能有意加以控制,而不伴随其他心理异常活动和相应的躯体症状。焦虑症是以发作性或持续性情绪焦虑、紧张为主要特征的一组神经官能症。患者的焦虑情绪并非由现实情况所引起,常伴有躯体症状。急性焦虑症患者突然感到心悸、喉部梗塞、呼吸困难、头昏、无力,常伴有紧张、恐惧或濒死感;检查可见心跳加快、呼吸急促、震颤、多汗等躯体症状。慢性焦虑症患者长期处于焦虑状态,常为一些小事而苦恼、自责,对困难过分夸大,遇事常往坏处想,常无病呻吟,对躯体不适特别关注,注意力涣散,记忆力不佳,兴趣缺乏,常失眠多梦。

恐惧症是指患者会对于某些事物或特殊情境产生十分强烈的恐惧,且此情绪与所引起恐惧的情境和事物通常很不相称,有的甚至让别人很难理解。患者虽然明知自己的害怕不合理,但是由于其难以自我控制而极力回避引起恐惧的事物或情境,而不是以积极的态度去认识和克服,从而导致严重的情绪和行为退缩,有的会严重影响生活、学习和工作。恐惧症的名目繁多,一般可分为:见人恐惧症、动物恐惧症、植物恐惧症、自然现象恐惧症、环境恐惧症、观念恐惧症等。恐惧症的形成往往有一定的心理因素,特别是第一次发生恐惧情景留下的印象。此症多见于个性刻板、敏感、多虑的人。恐惧心理和焦虑情绪是正常的心理现象,人皆有之。恐惧在某种情况下也是对个体的保护反应,若没有超越临界,就不会致病。恐惧症者只是在情绪的量上比正常人走过了头,是一种心理上的偏异。而发作时产生的许多症状,如心悸、出汗、头晕、心跳加剧等,都是由于恐惧情绪派生的。只要能认真分析导致恐怖的各种因素,逐个加以消除,恐惧便不再发作,其他症状自然烟消云散。

神经衰弱是一种神经官能症,症状很复杂,往往是心理症状和躯体症状夹在一起。其症状主要表现在两个方面:其一是兴奋性增高,具体临床表现为患者自制力减弱,情绪不稳定,急躁、易怒、缺乏耐性。一些平时颇有修养的人,此时也会表现得粗暴鲁莽,易于流泪、发笑。兴奋性增高还表现为对于感受性提高,皮肤感觉敏感,对光、声、温度均有过度敏感的反应。内脏感受性也增高,患者可描述心前区的不适或皮肤的蚁行感。坐立不安、心神不定、易出汗、心跳加快。患者睡眠表浅、易醒,噩梦频繁,白天则无精打采、嗜睡,故工作中易出差错。其二是衰竭性增高。其临床表现为患者兴奋性增高的同时,神经的衰竭性也增高。注意力不集中,不能长时间地做一项工作。记忆力衰退,是注意力衰退的后果,表现为对一些常见的书名、人名、电话号码一时记不起来。再者是不耐烦,对排队上车、购物都无法忍受。同时,自我认识也出现易受暗示性的特点,人变得疑心、猜测,怀疑自己能力下降、记忆衰退。一般来说,神经衰弱是由于体力和精神负担过重、情感和理智过度疲劳或冲突,因而使神经系统形成急性或慢性的紧张造成的。神经系统疲劳后,经过休息是可以恢复的,但人们往往得不到或不愿意休息,因而使大脑皮质细胞超过其忍受性,造成神经衰弱。

疑病症也称臆想症。是指个体对自身的健康状况或身体的某些功能过分关注,以致怀疑自己患有某种躯体或精神疾病的现象。患者一心希望自己身体健康,却又想象自己得了一种难以治愈的疾病。这种病,是大脑皮层与内脏关系的机能失调引起的。疑病症病人通常是谨慎、敏感、多疑而又主观、固执。发病前或多或少有些精神因素。病人对他的健康要求十全十美,如果稍微有一些不舒服的话,便会反复思考是否患有某种疾病,并将一些对此病道听途说的情况联系起来而成为自己的症状。他们对自己体内的某些轻微不适,表现出高度的敏感、关切、紧张和恐惧,并努力寻找引起这些不适的原因。由于病人富于联想,又容易接受暗示,从而容易与内脏轻微的感觉病理性地联系在一起,并迅速地固定下来。疑病症患者相当固执,怀疑产生后经常上医院作检查,经检查发现并无疾病时,仍坚持认为自己有病,医生的解释及客观的医疗检查的正常结果,往往不能消除其固有的成见。

2. 人格障碍

所谓人格,心理学上是指一个人在其生活实践中经常表现出来的比较稳定的个体心理特征的总和,也称为个性。这些心理特征包括个人的能力、性格、气质、兴趣、爱好、倾向性,等等。它们是在生理素质的基础上,通过社会实践逐渐形成和巩固的。它表现出的个别差异,人与其他人相区别的特质或个人特征,是一个人在其与环境相互作用过程中所表现出来的独特的行为模式、思维方式和情绪反应的特征。

一般来说,如果一个人的人格与社会环境相适应,就被认为是正常的人格。而有少数人,他们不能适应社会的环境,待人接物、为人处世、情感反映和意志行为与世人格格不入或不相协调,其人格偏离常态,即人格障碍。

人格障碍也叫病态人格、变态人格、偏离人格、精神病态人格等,是指不伴有精神症状的人格适应缺陷,其患者对环境有相当严重的、根深蒂固的、不能更改的、不适应的反应,其人格构成对自己和对社会都不被允许的、不得体的行为模式。所谓不伴有精神症状的缺陷,是指在没有认知障碍或没有智力障碍的情况下出现的情绪反应、动机和行为活动的异常。人格障碍是目前国际通用的标准术语。因而患者既不是"精神病",又不能算是"正常人"。

这一类人格障碍者,常常难以正确认识社会对自己的要求和自身应当采取的行为方式;难以对周围的环境作出恰当的反应;难以正确地处理复杂的人际关系,常常和周围的人,甚至与亲人发生冲突;工作缺乏责任感,经常玩忽职守,甚至超越社会的伦理、道德规范,做出违反法律或扰乱他人和危害社会的行为。人格障碍一般始于童年或青少年,而持续在成年乃至终生,常见有反社会型人格障碍、偏执型人格障碍、回避型人格障碍、依赖型人格障碍、自恋型人格障碍、强迫型人格障碍、循环型人格障碍等类型。

3. 性心理障碍

性心理障碍指的是性变态又称性偏离、性歪曲、性欲反常、性精神变态,是一种不正常的性行为和性心理,是对正常性行为的偏离。正常的性行为严格讲总是与婚姻或男女之间感情联系在一起,至少它需要满足两个基本条件:一是从性兴趣上讲,正常的性行为总是相对于异性而言的;二是从性欲的满足方式来讲,它总是借助于异性本身,即借助于与异性的性交来满足个体的性欲,达到性能量的释放。

而性欲反常者正好在这两个方面发生了偏离,他们的性兴趣不一定指异性,且满足的方式不是借助于正常的性交,而是通过其他方法,从异性的惊慌或痛苦中获得性满足。

性变态一般可以分成裸露癖、观淫癖、恋物癖、虐待狂等。

裸露癖者的特征是通过在异性面前裸露自己的生殖器而得到性的满足。裸露癖几乎均为男性。他们在偏僻场所或黑暗角落守候,对异性突然暴露生殖器,在对方吃惊后迅速离去,并不发生其他不法行为。

恋物癖的特征是喜欢与异性穿戴或佩带的物品接触,以引起性兴奋,多见于男性。这些物品多是直接接触异性体表的物品如内衣、内裤、头巾、丝袜、发夹和别针等。

4. 行为偏离

在一些大学生身上出现的行为偏离,是指这些人无智力和人格障碍,但其行为与其所处的社会情境和社会要求是相违背的,明显的异于常态,例如吸毒行为、酗酒行为、重度吸烟行为、拉帮结伙行为、敌视权威行为、施虐行为、盗窃行为、诈骗行为等。这些人虽然有心理障碍问题,但并不是精神疾病,其智力是正常的,意识是清醒的,如果触犯刑律是要负法律责任的。

5. 心身疾病

心身疾病是指那些心理因素在疾病发生和病程演变中起主导作用的躯体疾病。心理因素又称精神因素,就是指那些由于环境的变化,通过心理的影响而引起疾病的因素。

外界事物的变化首先作用于人的感觉器官并产生感觉冲动由感觉神经传送到中枢神经系统,使人对这种事物有所感知,同时还能联系这种变化对自己和他人产生的影响,从心理变化影响脑的机能活动,构成心因性事件。这种事件能够引起人发生情感变化,当变化的强度超过人的接受能力,以致不能适应,心因事件就成为心理致病事件。

心理因素的内容相当广泛,包括一切社会、政治、经济、婚姻、家庭、工作等方面的问题,诸如失业、穷困、事业失败、升学受挫、恋爱失败、战争、意外伤害、亲属死亡、离异、灾害等,都属于心理因素。

由于每个人都生活在一定的社会环境之中,社会环境的变化也可通过心理的影响引起疾病。当然,一些文化因素也属于这个范畴。比如不同的社会或地区,由于文化背景、宗教、风俗习惯的不同,常使人产生陌生、孤独和困扰,尤其是对故乡的思念往往使人陷于不能自拔的情感之中,结果酿成疾病。再者,不同的文明层次也会成为罹患疾病的原因,比如在贫穷落后的地区,受封建迷信的影响,常有魔鬼、狐仙之类的传言,使人害怕并受恐怖情绪影响而患病。另外,不同的年龄阶段,如儿童期、青春期、更年期都会有不同的心理问题,均可引起疾病,这些是不可忽视的。中医学认为,喜、怒、忧、思、悲、恐、惊,"七情"中任何情志失调都可伤心,而心伤则引起脏腑功能失调。从现代心理学理论来看,心身疾病或心身障碍是个体在压力状态下所出现的某种情绪和动机冲突,通过心理影响生理的途径,以身体各个器官系统的病变而表现出来。目前,心理方面的不良习惯成为疾病的诱发因素已得到医学界的普遍承认。

6. 严重的心理异常

这一类通常所说的是精神病,指人的整体心理机能的瓦解,不仅心理活动本身各个方面的协调一致遭到严重的损害,而且机体与周围环境的关系也严重失调。精神分裂症是最严重而且常见的精神病。其症状复杂多样,较常见的有思维障碍、联想散漫、知觉扭曲、情感活动范围狭窄,严重的可达到情感淡漠的地步。在精神活动中同时出现两种相反的倾向,患者常常生活在自己的幻想世界中,完全脱离现实,甚至以幻想代替现实,自行其是,情绪错乱,动作怪异,有被操纵控制感和被洞悉感等。躁狂抑郁病是另一种重度精神疾患,以原发性情感情绪障碍为主要临床表现,且具有发作期和完全正常的间歇期反复交替现象。躁狂发作期内患者睡眠减少,活动增多,注意力涣散,随境转移,语多夸大,联想加快,观念飘忽,自我感觉良好,自我评价过高,情绪高涨,行为轻率;抑郁发作期则与此相反,患者情绪忧郁,言语减少,行为迟钝,常有自杀意念或行为,食欲减退,体重减轻,睡眠障碍,疲乏、困倦,精力不足,性欲减退,阳痿或闭经等。

三、大学生常见心理的基本调适

1. 养成健康的生活方式

生活方式对心理健康的影响已经被越来越多的人关注,生活没有规律、随心所欲、懒散放荡与过度学习等都是不健康的生活方式。为完成繁重的学习任务,提高身体素质,一定要养成健康的生活方式,使自己身体强健,精力充沛,朝气蓬勃。这就要求我们注意以下几个方面:

(1) 生活规律,合理安排时间。人们的日常生活、学习和工作都是通过一定的安排而有秩序地进行的。大学生应学会做生活的主人,安排好自己的生活与学习。首先要合理安排时间,既不能荒废时间,也不能为了学习,给自己施加不必要的压力,在学习上搞疲劳战术,应学会科学用脑,劳逸结合。其次要加强运动。生命在于运动,学习负担过重、长时间读书不仅有害身体健康,也会使大脑兴奋、抑制神经失调,导致神经衰弱。坚持锻炼可以提高中枢神经系统的反应能力,增强肌肉活动能力,增强体质,也能培养乐观开朗的性格,减轻精神压力。

(2) 培养生活情趣,丰富业余生活。大学生活应是丰富多彩的,大学生在校学习期间应积极培养自己的兴趣爱好,参加各种社团活动,培养生活情趣,调剂单调的学习生活。这样不仅能增长自己的知识,提高自己的能力,还能广交朋友,满足社交要求。此外,大学生还要注意在学习之余多参加娱乐休闲活动,以松弛紧张情绪,达到劳逸结合、提高学习效率的目的。

(3) 合理饮食,禁忌烟酒。饮食习惯也是生活方式的重要组成部分。合理的饮食包括三餐定时定量,不暴饮暴食或偏食,注意营养均衡。不少大学生忽视早餐甚至不吃早餐,这是一种不良习惯。对于大学生来讲,早餐是非常重要的,因为上午的学习负担繁重,身体最需要营养。有些大学生还养成了吸烟酗酒的不良习惯,这是有害身体健康的。医学证明,烟草中多含尼古丁,对人体尤其是对呼吸系统危害很大,长期吸烟往往会导致慢性支气管炎、肺炎、冠心病等疾病的发生,同时还会污染周围环境,既影响自己也危害他人。饮酒过量不仅容易导致酒精中毒、消化系统疾病,还会引发意识模糊、记忆力下降、情绪不稳定等心理异常现象;而酒后失控,有时还会造成人际关系的紧张与冲突。为了自己与他人的身心健康,也应不吸烟,少喝酒,倡导健康文明的生活方式。

2. 提高心理健康水平

为了提高心理健康水平,必须不断提高自己的认识水平,调节情趣,完善自我意识,开发自我潜能,实现自我价值。

(1) 调整认识结构,逐步形成科学思维方式。心理专家认为:人的大部分情绪困扰和心理问题,都来自不合理或不合逻辑的思维方式,主要体现在对客观现实缺乏合理的认识。具体表现为:绝对化,过分概括化,片面化。存在上述认识误区的大学生,往往是以自己的绝对意愿为出发点,固执地坚持以点代面、以偏概全的不理性思维方式。如:一次失恋,便全面否定自己,陷入自卑、焦虑、抑郁之中难以自拔,或从此不再与异性接触,或仇视所有的异性;遇到挫折和不幸,往往不能正确对待,产生糟糕透顶的想法。其实任何事物都具有两面性,"塞翁失马,焉知非福",正像老子所言"福兮,祸之所依;祸兮,福之所伏"。大学生应学会客观、全面、理性地看待问题,摒弃主观绝对化的唯心主义观点。与人交往时应认识到"金无足赤,人无完人",要接受自己和他人都有可能犯错误这一现实,不能过于求全责备,这样才能摆脱不良情绪,提高心理健康水平。

(2) 克服自我缺陷,完善自我意识。大学生是时代精英、天之骄子,最渴望了解自己、把握自己,然而也往往容易在自我意识方面出现偏差。如有的大学生盲目自大,唯我独尊,过分自负,强调自我中心;有的大学生由于虚荣心和自尊心过强,往往不适当地提高自我要求,极易导致失败,造成情感挫伤和内心冲突;还有的大学生过于自卑,表现为自我拒绝或自我否定,看不到自己的长处,不能容忍自身的弱点,常常自我指责和抱怨,没有自信,依赖性强,毫无主见,情感脆弱,退避行为明显,而且因为自卑往往会失去别人的信赖,自己也极易陷入孤独、焦虑、痛苦之中。

大学生的自我意识需要从以下几方面加以完善:① 树立正确的人生观,自觉地把自己和他人、个人和集体结合起来,走出自我封闭的小天地。② 确立合理的自我评价体系,找准自我评价标准。③ 培养健康的人格品质,自信而不自负,谦虚而不自卑,乐观而不盲目,克己而不过分。④ 保持自己的独立性,不人云亦云、随波逐流,要勇于创新。

（3）调节控制情绪,培养乐观精神。心理学家认为,情绪长期处于压抑失衡等不良状态极易引起心理障碍。因此,要学会宣泄不良情绪,调节控制自己的情绪。大学生常见的情绪困扰有焦虑、抑郁、恐惧、嫉妒、冷漠等。这些不良情绪不仅使大学生的学习效率和生活质量下降,也会导致一些身心疾病,如胃溃疡、偏头疼、神经衰弱等。

要培养良好的情绪,就应做到豁达开朗、宽容大度,保持乐观情绪;学会宣泄不良情绪,如倾诉、哭泣、运动、娱乐等。

（4）锻炼意志品质,树立远大理想。爱因斯坦曾说过,完美的性格和钢铁般的意志比智慧和博学更重要。一个人如果没有顽强的意志,干什么都不会成功。大学生的意志品质显现出较高水平,但发展不平衡。相当多的大学生存在不同程度的意志缺陷,如盲从、懒惰、缺乏恒心与毅力;胆怯、懦弱、优柔寡断等。意志不坚强的大学生在挫折面前往往畏难而退,或不战自败,致使他们的理想、计划半途而废或功亏一篑。要培养良好的意志品质,应注意做到以下几点:

① 树立远大理想,明确目标指向。人们常说:"有志者,事竟成;苦心人,天不负。"远大的理想和目标,是人克服艰难险阻勇往直前的巨大动力。正如俄国作家车尔尼雪夫斯基指出的:"人的活动如果没有理想的鼓舞,就会变得空虚而渺小。"

② 在实践中锻炼坚强的意志。一个人尽管志存高远,但不付诸实践的话,就是空谈。大学生要培养自己坚强的意志品质,就应当在实践中及与困难的斗争中去锻炼和摔打。居里夫人曾说过:"我最重要的原则是不要让人打倒你,也不要让事打倒你。"

③ 从小事做起,有意识地锻炼自己的韧性。如坚持写日记,坚持早起晨练等。这些看似平凡的小事最有助于培养做事的韧性与坚韧不拔的个性。

(5) 塑造健康人格,促进个性完善。人格统一是大学生心理健康的一个重要标准。当代大学生一般具有聪慧、机敏、乐观、自信、敢于竞争、积极进取等人格特点。但其中也有一些大学生存在人格缺陷,如偏执、多疑、狭隘、鲁莽、急躁、孤僻等。要培养良好的个性品质,首先,应学会认识自己的个性,扬长避短,发挥主观能动性,优化个性品质。其次,努力学习,博学多才。学习的过程既是增长才干的过程,又是人格完善的过程。很多人的性格缺陷源于知识的贫乏。知识就是力量,其中也具有性格的力量。正如培根《论读书》中所说:"读史使人明智,读诗使人灵秀,数学使人周密,哲学使人深刻,伦理学使人庄重,逻辑修辞学使人善辩,凡有所学,皆成性格。"最后,积极交往,勇于实践。个性的培养是个社会化的过程,学习活动可以培养性格,但不是唯一的途径,大学生积极参与人际交往、社会实践活动,对培养其独立性、创造性和自信、宽容、热情、开朗、果断、民主等性格品质有积极作用。

(6) 克服社交障碍,改善人际关系。大量研究表明,大学生许多心理问题的产生都源于人际交往中的障碍或挫折,导致他们出现自卑、孤僻、恐惧、自傲、逆反、敌意等心理。表现为:遇事总感到自己不行,缺乏交往的勇气和信心;孤芳自赏,言行怪癖,使人无法接近;爱打听与传播小道消息、个人隐私,引起人际关系矛盾与冲突;办事过于鲁莽、冲动、不能自控,成事不足、败事有余等。要培养人际交往能力,应做到:

① 调整认知结构,对人际关系要有积极、全面、客观的认识,不能戴"有色眼镜"看人;

② 完善个性品质,培养热情、开朗、真诚、善良、乐于助人的优秀品质;

③ 克服情绪障碍,交往中的恐惧、嫉妒、焦虑、抑郁等情绪往往会成为交往的障碍,要掌握人际交往的原则与技巧,最重要的是要学会真诚地赞赏对方,学会倾听,学会主动交往,学会表达自己的感情。

(7) 不断开发自我潜能。歌德曾说过:"凡自强不息的人,终能得救。"大学生要适应环境,就应积极进取,开拓创新,不断开发自我潜能,最大限度地实现自己的人生价值。面对瞬息万变的信息社会,墨守成规、固步自封、不思进取,已越来越不合时宜了。当今社会需要的是开放的思想和进取的个性,更需要创造性的精神和无畏的勇气。科学研究表明,人的大脑潜力还没有被完全开发出来,我们只用了其中很小的一部分。因此,大学生要相信自己的潜能,不断追求,敢于实践,不怕困难,全面发展自己。如果说走出心理误区、防治心理疾病是心理健康的最低层次,完善自我、增强人际关系和社会适应能力是心理健康的一个中等要求,那么认清自己的潜力所在,保持良好的心理状态和积极的生活方式,高效率地学习与工作,全面而充分地发展自己,科学而有创造性地生活,便是心理健康的最高境界。

3. 掌握心理调适方法

对当代大学生比较适用的心理调适方法主要有以下几种:

(1) 自我暗示法。林肯曾说:"人只要心里决定快乐,大多数都能如愿以偿。"其实他讲的就是自我心理暗示。所谓自我暗示就是自己通过语言动作影响自己心理的过程。积极的心理暗示可以调节情绪,缓解心理紧张,改善消极心境,矫正不良习惯。世界著名影星凯瑟琳·赫本从影 60 年,到了晚年仍仪态万方。有人曾问她保持美丽的秘诀是什么,她回答:"每天起来,我总把自己想象成一篮子鲜花。"多么美妙的暗示! 这种积极的心态促使她忘记衰老,忘掉忧愁,充满自信。

(2) 自我激励法。自我激励是精神生活的动力源泉之一,主要指用生活哲理、榜样力量或明智的思想观念来激励自己。首先,要相信未来是美好的,热爱生活,相信"太阳每天都是新的",学会从零开始,心向未来;其次,要正确对待意外事件,长存一颗平常心,临危不惧,处变不惊;第三,知足常乐,自强不息,物质上的追求是永无止境的,要学会知足,但精神上的追求要勇往直前;最后,要相信自己,接受自己,不能被挫折吓倒。比如,失恋了应有"天涯何处无芳草"的想法;找不到工作应坚定"天生我才必有用""是金子总会发光"的信心;与朋友分手应持"莫愁前路无知己,天下谁人不识君"的态度;遇到棘手的问题应抱有"车到山前必有路"的信念。总之,决不能被困难击败,时时激励自己用"不到长城非好汉"的精神去实现自己的既定目标。

(3) 情境迁移法。当遇到挫折时,可以转移环境,离开引起苦闷或愤怒的环境,把注意力从消极情绪上转移到积极方面去,使自己的情绪恢复稳定。如出去散步,听音乐,或去做一些其他有益的事等,对于消除烦恼、愤怒情绪非常有效。

(4) 情绪宣泄法。把自己的委屈、烦恼、痛苦向知己好友倾诉,或哭泣,或者通过歌唱、运动等形式宣泄出来,这样可以减轻、释放心理压力,维护心理平衡。

总之,大学生心理健康的实践过程,既是认识自己、实现自身价值的过程,也是不断地与社会相互作用、为社会作贡献的过程。在这个过程中，大学生的人生必将经受一次洗礼，达到一个崭新的境界。

第四节 大学生心理健康的培养

一、大学生心理健康对成长和发展的意义

1. 个体意义

心理健康对大学生学习和成才具有重要的意义，具体表现如下：

（1）心理健康是大学生身体健康的保障。人的健康主要包括生理健康和心理健康两个方面，心理健康与生理健康是相互依存、相互影响的。大学生若在心理上有疾病，往往会产生烦恼、忧虑、灰心等不良的情绪，影响其情感、意志和性格的正常发展。长期的心理疾病又会影响免疫系统的功能，导致生理功能紊乱，产生各种疾病。只有具备健康的心理，才能保证人体处于完整统一的健康状态，才能维护身心功能的协调稳定。

（2）健康心理是大学生人格健全发展的基础。大学阶段，不仅是增长知识才干的时期，也是人格逐渐走向稳定和成熟的阶段。心理健康的高层次标准，就个体而言实际上就是人格的健全和完善。所以，心理健康有助于大学生人格的健康、全面、和谐发展。

（3）心理健康是大学生顺利完成学业的保证。大学生面临学习和生活等诸多方面的压力与困难，这些压力会直接或间接地影响学习。心理健康的学生能够正视学习和生活中的种种冲突和挫折，积极、及时地进行自我调整，使自己更好地适应大学生活，努力完成学习任务。

2. 民族意义

大学生心理健康教育的意义在于实现提高国民素质的目的。有学者认为可以从以下三方面来分析大学生心理健康所具有的民族意义。

（1）大学生心理健康是强国富民的需要。强国必先强民，而强民就是要提高国民的素质。国民素质无外乎身体素质、文化素质、业务素质、道德素质和心理素质，而良好的心理素质是其他素质的基础和前提，所以，提高心理素质有助于提高国民素质，这关系到中华民族的伟大复兴。青年大学生正值心理品质形成的关键期，且具有可塑性，抓住这一关键时机，加强大学生心理健

康教育,有利于完善青年大学生的心理素质,为青年大学生成为民族的栋梁之才奠定坚实的基础。

(2)大学生心理健康是新型人才培养的需要。社会的发展对人才提出了新的要求:不仅要有真才实学,也要有健康的心理素质。没有健康的心理素质,就不能很好地适应社会。心理健康的大学生,能与周围环境保持正常的接触,对环境有清醒的认识和把握,既不高于现实,又不沉湎于幻想,对生活中的问题和困难,能以切实有效的方法加以解决。

(3)大学生心理健康是现代文明建设的需要。社会主义现代文明建设既包括物质文明建设,也包括精神文明建设。精神文明建设要通过人的心理活动和行为来进行,个体的健全心理是人类进行正常社会活动的基础。改革的不断深入,东西方文化的碰撞,价值观念的冲突,使得人们的心理活动更加复杂。而年轻的大学生由于身心处于正走向成熟而未完全成熟的阶段,内心充满着矛盾和冲突,时常被迷茫、失落、焦虑等情绪困扰,导致青年大学生的心理危机增加。心理素质不强的青年大学生,难以适应高速度、高科技、高竞争的环境,不能适应社会的进步和发展。心理健康的年轻大学生,具有开拓精神,充满自信,受挫能力强,勇于承担责任,有利于积极推动双文明稳定、健康、快速地发展。

二、如何培养大学生心理健康水平

1. 大学生应树立良好的自我心理保健意识

大学生要增强心理卫生意识,同时要学习相关的心理卫生知识。在必要时进行自我调节,掌握心理健康的主动。

2. 减少过度的心理压力

在日常生活中,人们常常承受着来自各方面的压力。压力指由刺激引起的,伴有躯体机能以及心理活动改变的一种身心紧张状态。适当的压力是心身健康所必须具备的条件,它有助于提高人的学习生活效率。当然,紧张和松弛状态要维持在合理的平衡水准上。当平衡点趋近松弛状态,生活就会变得枯燥无味,生理生活也会停滞下来;当平衡点趋近紧张状态,生活就会变得具有冒险性、挑战性、刺激性,同时也可能影响身心健康。所以,要通过一些恰当的方式进行自我减压。

3. 培养良好的心境

心境是一种使人的所有情感体验都感染上某种色彩的较持久而又微弱的

情绪状态。培养良好的心境是人的个性修养的一个重要组成部分。如培养乐观的情绪,相信未来,抱有希望;经常记录下自己的收获;不盲目攀比;增强审美情趣;关爱他人等。

4. 积极参加多种有益的活动

这些活动可以帮助学生确立正确的世界观和人生观,培养群众观念和集体观念,陶冶他们的情操,锻炼他们的毅力,加强同学之间团结和友谊。

5. 树立符合实际的奋斗目标

每个人都有成功的欲望,大学生的这种成功欲望更为强烈,但每个人的能力都有一定的限度,都具有优势和劣势两个方面。大学生应该能对自己的能力作出客观的评价,并依此付诸社会实践。不要对自己过分苛求,要把奋斗目标确定在自己能力所及的范围以内,使自己维持好心理健康。

结　语

随着改革开放的不断深入,人们的物质生活水平得到了极大改善,同时,人们对精神生活的要求也越来越高,健康的心理是人们能够享受高质量的精神生活的前提。作为有着崇高生活理想的大学生,由于处在生理和心理快速发展、成熟的时期,如果能够以健康的心理状态来面对日常的生活、学习,将为以后的生活、事业打下良好的基础,从而保障我国的社会主义现代化事业能在一代又一代的具有优秀心理素质的建设者的不断努力下顺利实现。

课后小资料

揭开斯芬克司之谜

在传说中,古希腊的奥林匹斯山是西方诸神所居住的地方,那里有西方的主神宙斯,以及由他所统帅的众神。凡人是难以涉足神的地界的,而神的箴言——"人,认识你自己"——又应该让人来知晓,于是,就有了斯芬克司的故事。

斯芬克司是传说中的一个奇特的生物——"狮身人面"。现在埃及还有她的一座雕像,与雄伟的金字塔一样著名。在古希腊的神话传说中,她作为神的使者,带着神对人类的忠告——"人,认识你自己",从奥林匹斯山来到了人间——古希腊的忒拜城堡。经过细心的筹划，她把那句神的箴言化作了一段谜语，来盘问她所遇到的所有的人。

"什么东西早晨用四条腿走路，中午用两条腿走路，晚上用三条腿走路？"

这就是斯芬克司谜语，每个路过的人都必须面对她来猜一猜她的谜语；而且，富有挑战和特殊意义的是，凡是猜不中的，都会为此而丧生，被斯芬克司毫不留情地吃掉。不无遗憾的是，当时忒拜城堡中没有一个人能够猜得出斯芬克司的谜语，因而该城堡也就从此陷入了空前的灾难。国王拉伊俄斯不得不亲自外出，想要去寻找一位能够解答出斯芬克司之谜的人。而就在国王带着随从外出访贤的途中，发生了一件意外的事情：国王一行遇到了一位异乡的青年，为了争路先行，双方发生了争斗，在争斗中，国王及其随从都丧生于该青年之手。这位异乡的青年名叫俄狄浦斯，实际上，他这时已经在自己不知情的情况下，杀死了自己的亲生父亲。

事情是这样的，故事要回溯到18年前。拉伊俄斯国王在王后伊俄卡斯忒临产的前夜，做了一个奇异的梦：梦中有神来告诉他，说王后要生的是一个儿子，这个儿子命中注定要在将来杀死自己的父亲，并且还会与自己的母亲结婚。迷信于神的托梦的拉伊俄斯国王为了避免梦中所说的厄运，便在婴儿生下之后，刺穿其双腿，命手下的武士将婴儿带出城外处死；受命于国王的那个武士出城后动了恻隐之心，将婴儿送给了一个牧羊人；牧羊人带着婴儿流浪到了另一个叫做科林斯的城堡，该婴儿后来被科林斯的国王所收养，取名为俄狄浦斯。俄狄浦斯在自己18岁生日的时候，也做了一个奇异的梦：梦中说他命中注定要杀死自己的亲生父亲，而与自己的母亲结婚。同样为了避免这梦中的厄运，俄狄浦斯离家出走，想远离自己的父母（实际上的养父母）。流浪之中他来到了忒拜城堡附近，遇到了外出访贤的拉伊俄斯国王，争斗之中他就杀死了自己的亲生父亲。

国王死后，忒拜城堡的大臣们发出通告说，凡是能够解答出斯芬克司之谜的人，就可以继任国王，并且与王后结婚。就这样，在命运的安排下，俄狄浦斯来到了斯芬克司面前，并且解答出了斯芬克司的谜语——那就是人，那就是人本身！"人在'早晨'，即人在很小很小的时候，是用'四条腿'走路的，即在地上爬；长大了就能够站起来，于是'中午'就用'两条腿'走路；到了'晚上'——老年，人会用一条拐杖来帮助自己走路，也就变成了'三条腿'。"

俄狄浦斯答出了斯芬克司的谜语，斯芬克司也就完成了自己的使命，因为作为神的使者，她是要通过这样一个谜语来告诫人类要对自己或自身进行认识——作为人,你必须认识你自己!

　　曾经有一位著名的画家,根据这段故事和自己的想象,绘出了一幅深沉而动人的油画——"斯芬克司之吻":狮身人面的斯芬克司撩起了自己的面纱,露出了世人难得一见的面容,吻了跪在她面前的俄狄浦斯。这一吻,吻出了一个真正的人,一个具有自我意识、对自身有所认识、有所反思的人;这一吻,也吻出了一种关于人的学问,也即《新大英百科全书》上所注解的"心理学"。

　　"人,认识你自己。"简单而朴素的语言,蕴含着深刻的内涵:这既是心理学的根源,也是心理学的目标。

第二章 大学生适应心理

案 例 导 入

他是否真的想退学？

某大一男生面对心理教师的叙述：我是医学专业的学生，来到这个学校快三个月了，发现自己越来越不喜欢这个专业，也不喜欢这个学校。想到以后整天要同病人和死人打交道，心里就害怕。我想退学回家去复读高三，明年再参加高考，报考建筑专业。"高考时填报专业？""当时是我自愿填报的。那时候觉得学医挺好，我们那儿的医生社会地位高，收入也不错。""父母的态度？""他们也都支持我，认为这个专业好。""为什么不喜欢这个学校？""这里的老师不像中学的老师那样关心人。我希望老师能像我妈一样对我说话，但没有一个老师能做到。这里的同学也不像中学的同学好相处，一个个都很自私。现在我看见教科书就头皮发麻，学不进。""万一复读后没考取？""如果能退回去，一年考不取就考两年，反正不想在这儿读了。"

在心理教师的建议下，他请假回了一趟家。返校后来到心理咨询室，脸上的愁容没了，"老师，我想通了，就在这儿读下去"。

（摘自《大学生心理健康》，余琳主编，武汉大学出版社，2007年，第58页）

著名心理学家皮亚杰说过："智慧的本质是适应。"达尔文曾经指出："世界上生存的最好的物种不一定是遗传因素最好的物种，而是最适应环境变化的物种。"无论什么人，从熟悉的环境迈入陌生的环境时，都要对新环境有一个熟悉、了解的过程,并根据新环境的要求调整其思想和行为,以便适应新环境。对于初入大学的新生来说,在面临身心成长、环境改变与社会转型等很多方面的变化的情况下,要学会积极地适应客观环境,调适身心状态,调整自身与环境不适应的行为,达到自我与环境的和谐统一。这不仅关系到大学生能否顺利完成整个大学学习生活,同时也关系到在将来社会生活中能否得到继续发展,人生目标能否最终实现。

第一节 大学生心理适应概述

　　一位哲学家搭乘一个渔夫的小船过河。行船之际,这位哲学家向渔夫问道:"你懂得数学吗?"

　　渔夫回答:"不懂。"

　　哲学家又问:"你懂得物理吗?"

　　渔夫回答:"不懂。"

　　哲学家再问:"你懂得化学吗?"

　　渔夫回答:"不懂。"

　　哲学家叹道:"真遗憾!这样你就等于失去了一半的生命。"

　　这时水面上刮起了一阵狂风,把小船给掀翻了。渔夫和哲学家都掉进了水里。

　　渔夫向哲学家喊道:"先生,你会游泳吗?"

　　哲学家回答说:"不会。"

　　渔夫非常遗憾地说:"那么你就失去整个生命了!"

　　(摘自《大学生心理健康教育导论》,张丽宏、赵阿勐主编,第二军医大学出版社,2008年,第37页)

这是一个伟人对他心爱的女儿所讲的一个故事。它寓含了一个非常深刻的人生哲理:一个没有学会在人生长河中游泳的人,即使其他的东西学得再多,也无法在这人生的长河中生存下来,因为他缺乏基本的适应和生存能力。

(一) 什么是适应

适应是人们在与环境的互动关系中,个人通过对自己心理状态和行为模式的不断调整,使其个人需要能够不断得到满足的过程,是在自我与环境和谐统一的前提下,不断地认识和改造环境、修养和发展自我的过程。

每一个人都有自己的生存或生活环境。适应使人在与环境的关系中达到一种动态的平衡。人只有在对环境适应时,他的生存需要、安全需要、归属和尊重的需要才能得到满足,从而实现自我的成功发展。

(二)适应的形式

人对环境的适应一般通过两种途径来实现:一种是人自身做出改变,另一种是环境按照人的要求得到改造。从宏观角度看,人类有能力运用科学技术和现代管理手段征服自然和改造社会;但作为具体的个人,人们选择环境、改变环境的力量和条件是很有限的。每个人都会遭遇许多无法选择、强加于自己的生活学习环境,在这种情况下,个人只能通过调整自己心理和行为以积极地适应环境。例如,一名大学生当初的理想是考上某名牌大学,但由于受招生名额和个人考试成绩的限制,没能如愿以偿,被一个自己并不喜欢的大学录取。在这样的情况下,要使环境为自己做出让步是非常困难的,比较明智的选择是调整自己以适应现实环境。

由于精神上的需要,人类在社会生活中创造了内容丰富的文化环境,人类成为社会文化的主人。而对于个体来说,处处受到文化环境的制约,只有在顺应现存的文化环境时,他才能获得社会的认同,这也需要个体不断地调整自己的心理机制。由此可以认为,个体与文化环境相互作用的过程,也是心理适应能力不断增强的过程。

由于我们生活的环境不断变化,人们的适应是一个连续不断的过程。人在社会中生存发展,就必须形成和提高自己的适应能力。人的一生无时无刻不与相应的环境发生关系,这是一种不断摩擦、冲突和不断克服困难与挑战的动态过程,是人们经历由不适应到适应、由不平衡到平衡的不断的循环过程。这样的过程才是个人进步和发展的过程。

第二节　大学生的角色与环境变化

案例1　他们离我很远

小张去年以较高成绩被武汉某高校录取。初入大学的小张,开始还很兴奋,结果一周后,就和室友因作息时间不同、谈不来等问题闹了几次不愉快。

次数多了,小张和室友的关系渐渐紧张。只要没课,小张就回到黄石家中,往返于两市之间,有时一周甚至能达到3次。小张的母亲称,开始只是认为孩子是初入大学不适应,时间长了就会好起来。可现在开学已近两个月了,小张仍不愿去学校。

案例2 我的学习怎么了

某高校数学系的袁某进大学后,一直觉得学习压力很大,原来是上海市重点中学学生的她,忽然感觉以往的学习方式完全没有用了。觉得无助的袁某有空就往家里跑,还哭哭啼啼了好几次,心急的母亲只好求助于学校的心理咨询中心。

在经历"十年寒窗"的苦读,熬过"黑色六月"之后,捧着大学录取通知书步入大学校园的大学新生从此开始了大学生活……这个阶段并不漫长,却是人生道路上最为重要的人生阶段。许多同学是第一次离开父母独立生活,当大学生活初步安顿下来,寻常的大学生活正式展开,最初的惊喜与激情渐渐退去,如上面案例所描述的情景,大学新生不可避免的适应期开始了。每位新生都需要面临从中学生到大学生的转变,经历从不适应到适应的过程。

(摘自《大学生活健康心理学》,柳友荣、李群、王雪飞编著,安徽人民出版社,2011年,第24页)

(一)大学生角色的转变

所谓"角色",是人在社会行为系统中与一定社会位置相关联的符合社会要求的行为模式,它客观地规定了一个人的活动范围、享有的权利、承担的义务以及行为方式等。在现实生活中,每个人都时时处于某个社会角色的位置上:在父母面前,扮演子女的角色;在老师面前,扮演学生的角色;在同辈中,扮演同学或朋友的角色;走上工作岗位后,扮演职业角色。一旦某个人充当了相应的角色,就必须有明确的角色意识,即对该角色的性质、社会地位以及相应的义务、权利和责任有清醒认识。例如,在家庭生活中,作为儿女的角色,应该孝敬父母,珍惜父母的劳动成果,赡养父母,做个好儿女;在社会公共生活中,作为一个公民的角色,应该认真履行公民的权利和义务,承担对社会、对祖国的责任,做个好公民;作为大学生这一社会角色,就应该努力学习,完成大学的学习任务,做个好学生。

大学阶段正处于步入社会就业前的准备时期,这个阶段的大学生既要学习、适应大学生这个角色，也要为走上社会的职业角色做准备，还要在已有社会化的基础上，发展自己的个性。这些内容包括确定生活目标，掌握各种社会规范（如学生守则、法律法规、社会公德、职业道德等）和角色技能，培养社会责任感，提高参与意识和角色认识能力，实现角色变迁等。因此，要成为一位名副其实的大学生，就需要认真学习，掌握大学生这个角色的权利和义务，承担应有的职责和任务。

1. 角色意识的转变

大学新生都有一个角色转换与适应的过程。成为大学生，这是客观事实，但相当一部分新生并没有真正认识到自己角色的转变，角色意识还停留在中学生这一层次。这种角色意识的滞后性，妨碍着新生对大学生活的适应。角色意识的转变关键是角色责任的转变，大学生的称号不仅仅是一种文化层次的体现，更是一种神圣责任的象征。大学生的社会责任主要体现为知我中华、爱我中华、兴我中华，坚定走中国特色社会主义道路的理想和信念；努力学习科学文化知识，成为合格的中国特色社会主义现代化事业的建设者和接班人。

2. 角色位置的转变

能考上大学的学生在中学阶段大部分都是学习上的佼佼者，平时深得家长、老师和同学们的关注，几乎每个人都有着辉煌的过去。进入大学，如果重新排定座次，就只能有少数人保持原来的中心地位和重要角色。大多数学生将从中心角色向普通角色转变，自我评价可能会受到不同程度的冲击。在中学，学习成绩的好坏，一直是学生自我评价的重要标准。而在高手云集的大学新集体中，可能由于学习方法或是心理压力的问题，大学新生原来的优势不复存在。许多人因此失眠、神经衰弱，甚至导致了抑郁症。另外，在大学里，评价人的标准并非单一的学习成绩，能力特长更是在实际生活中衡量一个人素质水平的重要因素，并且后者有越来越重要的倾向。比如，一个大学生知识面很宽，或者社会交往能力很强，或者能歌善舞，或者有体育专长，这些都有助于大学生找到自己在角色转变后的位置。

3. 角色行为的转变

角色行为的转变是角色转变的关键。对大学生的行为规范，教育部在《普通高等学校学生行为准则》中做出了详细的规定，而且各高校还相应地制定了许多具体的规章制度，这些都是对大学生的行为规范。大学新生应认真学习，尽快使自己的行为符合大学生这一新的人生角色的要求。

(二) 大学生环境的变化

进入大学之后,能否适应大学所在地的自然和社会环境,能否适应大学的学习环境,便成为影响大学生能否成才的一个重要因素。

1. 管理环境的变化与心理适应

刚从中学跨入大学的新生,普遍感到对大学的管理不适应。有一个新同学在问卷调查中这样写道:"我们似乎成了没人管的羔羊。辅导员一周也不到我们宿舍一次,教室里也难得与他相见;上课的教授如同屏幕上的明星一样,下课就不见了;同学们都是初来乍到,彼此谈不上管理和照看。难道这就是我们的大学生活吗? 如果长此以往,我可真要受不了啦!"这些情况说明,已经跨入大学校园的大学生,仍然渴望像中学一样有人管理,不了解、不适应大学管理的特点,于是就出现这样那样的心理和行为问题。

青年期是人生中心理变化最大的时期,也是身心发展最不稳定的时期。一方面青年心理的恒常性较差,这就决定了青年心理的可塑性特征。青年已经形成了自己的认知、情感和意志等方面的特点,但是这些特点不稳定,容易产生变化。他们在认知上会出现人云亦云、缺乏主见的现象;在情绪上会出现大起大落的情况;在意志上常有决断性差、自制能力弱、行动力弱的特点。另一方面,青年各种心理因素的发展还不均衡。在认知、情感和意志三者之间,情感的不均衡表现更为突出,容易冲动,在许多情况下,思想、行为带有一定的偏激,看问题不全面,处事比较莽撞。另外,性心理的冲突也是导致青年情绪变化的重要因素,由于青年人缺乏调节情绪的技巧和经验,这种情绪会在一定的时间内支配他们的心理活动。正是由于青年人的这些特点,他们客观上需要、主观上也渴望科学的管理。

然而,对大学生的管理不应等同于对一般青年人的管理,也不能等同于对中学生的管理。大学对学生的日常管理更多的是做人和社会适应方法的指导,各种学生活动的主要目的是发展智能、精通学业、丰富精神生活、提高道德情操等。辅导员应该主动接近学生、了解学生,有针对性地开展思想政治工作,解决学生现实的生活问题和思想问题。

由于辅导员所负责学生人数众多,而且一部分辅导员是兼职,他们不可能像中学班主任那样每天跟着学生,对每一个学生的情况也不易做到了如指掌。上课的教师除授课以外,还担负着繁重的科研任务,上课踩着铃声来,下课夹着讲稿走,很少有人像中学教师那样每天给学生补课、辅导。在学习上,相当多的时间要求学生自己去看书学习,自己去解决学习中的各种问题,通过自己的努力提高自己各方面素质。这种相对松散型的管理,对于培养学生的独立思考能力、独立生活能力和适应社会的能力,无疑是有好处的。但是,对于新入校的大学生来说,这是一个严峻的挑战和考验。

面对与过去有着巨大差别的新环境,那些过去未曾远离过父母、心理适应能力和生活适应能力较差的新生,大都感到空虚、无所适从。有的学生反映由于宿舍人多,总是担心会出事,晚上失眠;有的不断请假回家探亲;还有个别学生总怀疑身体有病而经常去医院看医生,如此等等,表现各不相同。有人调查,大学新生中,由于心理上的不适应曾经产生退学念头甚至明确提出退学的达到三分之一左右;由于无聊,有的学生入学不久就谈情说爱,寻找刺激,以求心理的平衡,因此影响了学业,贻误了美好的青春年华。

适应管理环境最根本的任务是要有明确的奋斗目标。中学生虽富于理想,喜欢憧憬未来,但其理想目标往往变幻不定,朦胧不清。高考的压力和就业的待定性,使大多数中学生只考虑近期目标,缺乏长远目标,眼睛只盯着高考。进了大学,高中时期的奋斗目标已变成了现实,新目标又未确立,不少大学生感到茫然、空虚,进入"动力真空带"或称"理想间歇期",出现松劲情绪。没有一个明确的目标,学习就没有持之以恒、永不消退的动力。

2. 学习环境的变化与心理适应

大学生的学习活动与中学生相比有明显的区别,主要表现为学习的自主性、选择性、多元性、探索性和专业性。

自主性具体表现在学习计划的制订、自学时间的安排、学习方法的选择和学习活动的自控上。自学能力已经成为决定大学生学习效果的关键因素。

选择性是指学生对学习内容具有一定程度的自由挑选性特征。随着高等教育改革的不断深入,大学生不仅具有根据自己的兴趣、特长,在学科方向、课程内容方面取舍或选择的灵活性,而且可以在一定的范围内重新选择所学的专业。

多元性是指学生除了通过课堂教学这一求知途径之外,还可以通过其他多种渠道来获取知识。大学生要想获得知识,陶冶情操,发展能力,除了抓紧时间学习外,还必须依靠各类第二课堂来开阔眼界、扩大知识面。各类学术报告、知识讲座、专题讨论会、网络以及走出校门进行社会调查、参加各类社会服务等,都是大学生获得知识的重要途径。

探索性是指大学生在学习过程中对教材结论之外的新观点的寻求。大学阶段是"求学期"向"工作期"和"创造期"转变的过渡阶段。通过各种各样的

"教"与"学"的活动,学生的学习方法和思维方式,逐渐从再现教学内容向汇集众家之长,确立个人见解的方向转变。学生要完成毕业论文的撰写,有些还要参与科研等创新性工作。随着教育改革的不断深入,可以断言,大学生学习活动中的探索性会越来越显著和重要。

专业性是指大学生的学习具有一定的专业指向性,每个高校的专业设置都是国家教育部门或学校根据社会需要确定的。大学生大都在选报志愿时就确定了自己的专业,虽然入校以后也有一定的重新选择余地,但无论最终选择的是什么专业,都必须以此专业为方向并通过努力把自己培养成为该专业的合格人才。

需要指出的是,新生入校以后,经过一段时间的心理调整,对环境会逐渐达到一定程度的适应状态,而在学习方面达到适应需要的时间会更长些。一般来说,能跨入大学校园的学生,在中学阶段的学习记录上,很少尝试过失败的滋味,他们在心理上习惯于高高在上,在人际地位上"鹤立鸡群"。可是一旦升入大学,在一定程度上改变了原有的实力对比关系。再加上大学里的学习方式发生了改变,即由过去依赖型转为自学型,这里课程设置多,难度较大,要求也较严,如果稍有分心就可能掉队。于是同学们在新的基础上形成新的等次,大多数同学的成绩不可能再像中学那样名列前茅了。这样一来,对于那些处于低位次的同学来说,目前现状与过去的心理习惯可能发生相冲突,进而产生心理上的危机感。如果这种冲突不能很快得到缓解,或者继续发展下去,就可能导致自信心不足,从而产生自卑感。久而久之,就会挫伤自己的进取心、坚韧性和奋发向上的锐气,影响整个大学阶段的学习和成才。

3. 人际关系的变化与心理适应

影响大学生人际关系的因素包括地域、所学专业性质、兴趣的异同等。以地域为条件结成的人际关系是大学新生较早形成的群体关系,最常见的一种形式是同乡会。这种同乡会彼此关系比较密切,大部分同学在假期中互有来往和交流。

以地域因素形成的人际关系,虽然能联络老乡感情,易产生亲切感、信任感,能满足交友的需要,有助于交流信息,促进合作,互相帮助等,但是,它是以乡情为基础的,所以,在参与大群体的活动时,容易形成小宗派。在处理同乡与他人的关系时,也易感情用事。因此,在大学校园内,适当引导"老乡会"的活动并加以必要的制约,对于维持正常的校园人际关系是重要的和积极的。

以所学专业为纽带形成的人际关系被称作业缘关系,包括师生关系、同班同学关系、同校同专业关系、同专业的校际关系。这几种关系中师生和同班同学关系居主导地位。师生关系有两种,一是学生与各专业课教师之间的关系,二是学生与辅导员之间的关系。由于大学专业教学的特点,后一种关系更为密切。班级作为大学生身心的重要归属形式,它决定了同班同学的关系更为密切。他们之间要么是业务合作的好伙伴,要么成为竞争对手,这些关系可能一直维持终生。

兴趣因素也在一定层面上影响着大学生人际关系。实际上,有着共同专业的同学大多有共同的专业兴趣,这里的兴趣主要是指向专业以外内容的业余兴趣,如对各种球类、牌、棋、摄影、武术等的兴趣,并以此组成相应的社团。与其他人际关系相比,这种关系具有变动性大、随意性强的特点;同时,它还因为缺乏严格的规范而呈现比较松散的特点。

新入校的大学生面对以上种种人际关系,往往在开始时以一种兴奋、积极的态度去参加,期望着在这些人际关系中寻求友谊和成才的捷径。然而,随着时间的延长并深入进去时,却发现许多与自己设想的有相悖之处。比如本想寻找同乡亲情,却发现老乡们在为争得"一官半职"而弄得面红耳赤;本想与兴趣爱好相同的同学探讨研究一些问题,却发现自己交了会费后这些组织没有实质性活动。在彷徨中,部分新生渐渐将自己置于独来独往的自我封闭的环境中,变得性格内向、谨小慎微、孤僻冷漠,有的变得性情烦躁,与外界时而发生冲突和对抗。在这种情况下,他们必须尽快找到能使自己适应环境的方式方法,以使自己尽快地适应这种复杂多变的人际关系。

第三节　大学新生适应不良的应对策略

(一)西方学者的有关理论

1. 埃里克森的发展理论

该理论认为,人出生后通过与社会环境接触并在与其互动中成长。一方面由于个体的自我成长需要,希望从环境中获得满足;另一方面又受到社会的限制,个体在社会适应上产生一种心理上的困难。埃里克森称其为发展危机。他认为,人一生随年龄的增长而经历不同的发展阶段,每个年龄阶段都产生不同的心理危机,即遇到不同的社会适应问题。这就需要人们不断地学习,在经验中调整自己,使自己不断地完成每一个阶段的适应任务,人生不断发展。埃里克森采取两极对立的观念来表示不同时期的发展危机,即个体在社会要求下的两难处境。处理得好,危机向正极转化,成为发展的转机;处理不好,危机向负极方向发展,成为发展的障碍。由于个人的适应调节能力不同,每个人的发展趋向也不同。

① 第一阶段(0～1岁):信任与不信任。这是个体出生后面临的第一个危机。这个阶段婴儿最为脆弱,因而对成人的依赖性最大。婴儿根据自身需求的满足与否而产生对人信任与否的发展危机。如果婴儿受到安全抚育和爱护,他就会对别人产生信任,相反则无从产生信任。

② 第二阶段(1～3岁):自主性与羞怯和疑虑。在这个阶段中,儿童迅速形成许多的技能,如吃饭穿衣、大小便等,即儿童现在能决定做还是不做某些事情,因而儿童从这时起就进入了自己意愿与父母意愿相互冲突的矛盾之中。如果儿童形成的自主性超过羞怯与疑虑,就会意志坚强。如果此时父母能够给予鼓励协助,则有助于独立人格的发展;如果成人给予苛求或虐待,则幼儿变得羞怯或多疑。

③ 第三阶段(3～6岁):主动性与内疚。这一个时期,幼儿在自动自发与怀疑两者之间发展他的人格特质,如果幼儿的自发自问活动得到大人的支持与鼓励,他将继续发展,自主性胜过内疚就会形成自信的美德。相反,如果受到嘲笑或批评压制,他将变得羞愧内疚、胆怯退缩。

④ 第四阶段(6～11岁):勤奋与自卑。其人格发展的危机是在对学习勤奋努力还是遇事逃避而心生自卑之间。如果儿童在团体活动中遭遇失败,成人能够给予安慰鼓励,使之不灰心丧气,感觉失去自我价值,以后继续努力,儿童获得的勤奋感胜过自卑感,他就会形成能力的美德。反之,对他责骂、讥讽、打击,则会养成自卑性格。

⑤ 第五阶段(11～20岁):自我统合或同一性角色混乱。这一阶段的讲述是埃里克森心理社会学说的精髓。他认为这个阶段体现了童年期与青年期发展中的过渡阶段,是寻找自我同一性的时期。自我同一性是指个体尝试着把自己有关的各个方面结合起来,形成一个自己觉得协调一致而不同于他人的独自具有同一风格的我。如果青少年在前四个阶段建立起信任感、自主感、勤奋感,个体就比较容易建立起同一性,顺利地进入成年,他们就会形成忠诚的美德。如果没有形成良好的同一性,那他们就会出现角色混乱或消极的同一。12岁至青年期是个体从自我追寻到自我定向的关键时期,这个时期在求学和与人相处中学会认识自己、了解别人。如果能够配合自己能力性格确定

自己未来的方向，他的人格发展将达到自我统合阶段，否则将陷入自我角色的混乱。

⑥ 第六阶段（20～30岁）：亲密感或孤独感。在这一阶段青年开始走向社会，他们需要朋友、同事、夫妻之间建立友爱关系。如果能够建立良好的友情和爱情关系，甚至成家立业，在自我发展上就会感到安全和满足，否则将会感到孤独无依。

⑦ 第七阶段（30～65岁）：生殖或停滞（精力充沛或颓废迟滞）。一个人生殖感高于停滞感时就会建立关心的美德。这个时期有的人对家庭甚至对社会有贡献，有的人事业家庭均无成就。前者精力充沛，后者难免颓废迟滞，感到生命缺少意义。

⑧ 第八阶段（65～死亡）：自我完善或绝望感。如果一个人获得的自我完善感胜于绝望感，那他就会形成智慧的美德，而以对人生本身超然的关心来面对死亡本身。老年期的自我发展危机在于一生经验的积累，如果回首往事，自认为心安理得，即可随心所欲，安享晚年；如果悔恨旧事，则难免晚景凄凉。

大学时期个体适应和发展的主要任务是确立一个正确的自我概念，既能够独立地做决断，又能够承担起社会的责任；能够与别人建立亲密的关系，或在其中获得相互的认同。埃里克森认为，发展亲密感，建立良好的社会关系对于个人能否进入社会具有重要的作用。

2. 人本主义的发展理论

人本主义认为，人天生存在着一种发展潜能，这种潜能的逐渐实现和整合过程，形成了自我不断成熟的各个阶段。

① 外在化自我阶段：这一阶段主要发生在出生前一年和出生后最初三四年内。在这一阶段婴儿发展的主动和决定力量在父母身上。因此，父母规定了婴儿的特性，赋予其意义，使其局限在某种作用的范围内，不成熟的人有可能终生停留在这一阶段。人本主义强调个体内在因素在自我发展中的作用。这种观点符合事物的发展规律，但是，个体内在潜力的开发初期，相关外在因素的作用十分重要。这个观点告诉我们，父母认识水平、个人品行、生活态度、家教知识、与儿童的亲密程度和交往方式等，对人生最初阶段的影响及其终生的发展都将产生重要作用。

② 内在化自我阶段：人本主义认为，人要突破周围那些决定个人的外在力量制约，强调个人应有自己的自省、自我体验和发挥个人重要作用的机会，人们通常称之为成熟与成长。认识与情感的变化，社会心理发展与生物心理

发展的变化都在这一阶段发生。这第二阶段的过渡可能发生在一个人一生中的任何时候,也可能根本不发生变化。

③ 整合化与现实化的自我阶段:这一阶段的特征是放弃和解放内在化自我,最终实现本质上的整合化和现实化,使个体成为一个自由和谐的、充分发挥自我潜能的人。

3. 行为主义的发展理论

行为主义理论认为,对于不适应的环境逐步达到适应,这是动物生存的本领。动物有机体为了满足自己的需要,它可以使用一系列的反应方式进行尝试,一直到能够达到需要满足或重新适应为止。

人的适应与发展过程与动物有相似之处。当人产生了某种需要的欲望时,个体原有的问题解决模式不能使自己的需要达到满足,就产生了"阻挠"。这种阻挠可能来自客观的环境、个人能力的欠缺或个体需要的内在矛盾。面对这些来自内外环境的挑战,人们会产生心理上不同程度的紧张和焦虑。为使紧张和焦虑得以缓解或消除,人们就会尝试寻求新的解决问题的反应方式。在一次次的尝试中,人们最终找到了成功的反应方式,缓解了心理的紧张,满足了个体的需要。在这个过程中,人们学会了适应,得到了发展。

4. 社会角色理论关于人的发展观

社会角色理论认为,每个人在社会关系系统中都处于一定的角色地位,周围的人也总要按照社会角色的一般模式对他的态度、行为提出种种合乎其身份的要求并寄予期望,这叫作"角色期望"。一个人的态度、行为如果偏离了角色期望就可能引起周围人的异议和反对。在这种情况下,人们就会通过观察或想象,根据别人的表情、态度等来形成"镜像自我",即把别人的态度、评价当作镜子来认识自己的形象,从而形成"自我概念"。人们按照别人的期望不断调节、塑造自己的做法,叫作"角色采择"。每个人都处在一定的社会关系和环境中,周围的这些社会关系中的人都会根据人们的职位、个性、家庭背景等不断地对其提出一定的"角色期望",而每个人都会在这种"环境"的影响下,通过"角色采择",不断塑造新的自我形象。如果这新的自我形象与"角色期望"一致,这个人就能和谐地发展;如果不一致,个人就可能会出现心理失衡等问题。

(二) 中国传统文化关于人的适应理论

"以不争达到无所不争,以无为达到无所不为",这是我国道学的理论。"天行健,君子以自强不息";"学而思,则智如江河不绝";"随心所欲而不逾矩"，这是儒家的智慧。"悟道明心，转识成智，善念如流，佛境自至"，这是佛禅的忠告。中国传统文化源远流长，博大精深，对人的社会适应和健康发展具有重要的指导意义。

孟子认为，环境对人性的形成、保持与发展具有重要的意义。个体只有在整个人生中不断地进行修养，才能形成优秀的品性，并使之不断地获得更新与发展。孟子还认为：人可以从不利的环境中获益，通过与逆境的抗争增强力量。他说："故天将降大任于斯人也，必先苦其心志，劳其筋骨，饿其体肤，空乏其身，行拂乱其所为，所以动心忍性，曾益其所不能。"总之，人性人人都有，但随着个体的成长，不同个体之间出现了差异。这与他所处或经历的环境不无关系，但更取决于个人对自我形象目标的追求以及他如何进行自我修养和教化。儒学认为，人的发展目标在于保持和增进"仁"。仁的主要特征是真诚、正直、孝顺和互相尊重。人首先爱父母，其次爱邻居，再后是爱一切人。"仁"是通过"己欲立而立人，己欲达而达人"得以实现的。意为：人首先通过认识自身本性的意义和价值，通过承担生活责任来发展自己，然后再根据对自己的判断方式对他人做出判断。人就是在与他人的积极互动中发展自己的。

对于人的适应与发展，儒学提出了七个阶段：

① 格物。观察研究事物本身。

② 致知。不断地扩充知识。

③ 诚意。人对自己真诚，然后把这种真诚扩展到他人。

④ 正心修身。人的内心都有愤怒、恐惧、喜欢、担心或忧虑等情绪。当它们保持平衡状态时，人就控制了它们；但当这些情绪过分时，它们就会控制人。修身是说人可以借助于真诚控制自己的情绪，避免行为失当。

⑤ 齐家。如果一个人完成上述四个阶段的任务，就能够承担家庭的责任并学会管理家庭。

⑥ 治国。人们在家庭中获得的诚信、知识和能力，使人拥有了治理国家的能力。

⑦ 平天下。如果一个人拥有了治理国家的诚信、知识和能力，就可以实现天下太平。

从以上内容可以看出，儒家思想不仅关注到个人对环境的适应及发展，而且将这种发展与社会整体的稳定及发展有机地结合起来进行考察。

(三) 马克思关于人的适应与发展理论

马克思关于人的适应与发展理论更深刻、全面，更切中本质。

1. 人的能力的充分发展

马克思认为,人的能力包括人的体力和智力、自然能力和社会能力、潜在能力和现实能力等。这些能力是人的本质力量的体现。

2. 人的社会关系的全面丰富

马克思认为,人是在社会关系中生活的,人在社会交往中交流着思想感情、信息,从而丰富自己、充实自己、发展自己。他认为:"社会关系实际上决定着一个人能够发展到什么程度。"他提出,人的社会关系要丰富和全面,即协调、和谐。否则,必然导致人的发展的畸形。

3. 人的个性的充分发展

这里的个性是指人的独立性和自主性。他认为个人不是孤立的个人,而是社会的个人;而且他讲的个人,不是某一个人,而是全社会的每一个人。让社会的每一个人都得到全面、自由、和谐的发展,是马克思区别于其他西方发展理论的根本点。他认为每个人的自由发展是一切人自由发展的条件。马克思认为要实现人的发展其根本动力在于发挥人的自觉主动性,要参加社会实践,人的实践是人性发展的确证和体验,也是人的发展的根本动力和途径。

马克思关于人的适应和发展理论揭示了人的发展的本质、人发展的动力及实现人发展的根本途径,克服了其他西方学者脱离人的社会关系孤立地研究人的发展理论的缺陷。马克思关于人的发展理论,不仅重视个体的发展,而且强调了个人与相应社会关系和社会实践之间密不可分的辩证关系,指明了一个人适应社会、健康发展的根本途径。

四、大学新生适应不良的应对策略

西方一位学者这样说过:"在中学阶段,学生伏案学习;在大学里,他需要站起来,四面观望。"一名大学新生从中学到大学,从备受父母呵护到走向独立成人,要适应各种转变,要调适心态,要适应新环境、新生活,因此就需要每一个新生对大学生活都有一个清醒的认识,有一个良好的心态,有一个明确的定位和一个坚定的目标。

(一)学校方面

1. 做好新生入学教育

大学生入学后,做好新生入学教育工作是十分必要的,可以通过报告、座谈等活动,对大学生讲大学与中学的不同,可能遇到的困难、出现的问题,让学生有思想准备。带学生熟悉校园环境,多组织有益、健康的集体活动,让同学在活动中增加了解、增进友谊,尽快适应新环境。同时,观察学生的心理动态,了解并帮助有困难的同学。

2. 努力营造一种温馨的氛围

应创造一种和谐的学习生活环境,师生之间团结友爱,教师要为人师表、教书育人,做同学的良师益友;同学之间要互相关心,彼此敞开心扉,倾吐心声,让新生消除陌生感,有宾至如归的感觉。

3. 健全、丰富、优化党团组织

通过开展各种有益的活动,帮助大学生树立远大理想,确立正确的人生观、价值观、世界观。例如,通过社会实践活动、先进人物报告会、优秀团活动、党课等多种途径来陶冶学生的情操,并使其在情感的升华中构建自己的人生观、价值观框架。

4. 建立心理档案,开展经常性的定期心理检查

新生入学后,应找学生谈话,建立心理档案,进行跟踪了解,开办心理选修课,举办心理讲座等,学校应成立心理咨询机构,拨专项经费,专人负责。心理咨询的形式很多,一般有面谈、集体咨询、电话咨询、通信咨询等多种形式。对已发现有心理危机或有家庭病史的同学,要注意跟踪了解、交谈,帮助他们克服心理障碍,特别是要与家庭配合,共同做好学生的工作。

(二)学生方面

1. 悦纳自己,提高自信心

大学新生心理问题的一个重要原因就是不能正确看待自己。对于自己,认为自己过去是优秀的,现在和将来也应该是优秀的,不能比别人差,期待周围人关注的目光。发现自己有不如别人的地方就不能接受,就对自己失去信心,失落、自卑,甚至自暴自弃。其实任何人都不可能是完美无缺的,每个人都有自己的长处和短处,长处是自己的一部分,短处也是自己的一部分。要允许自己有不如别人的地方,愉快地接受有不足之处的自己,即悦纳自己,保持自信心。

2. 培养生活自理能力

大学新生要树立"自己的事情自己做"、"自己的问题自己处理"的观念,合理安排好生活作息,向独立生活能力强的同学学习。

3. 学会与人交往

大学生应注意与人相处要诚恳,以诚换诚,不可取笑、戏弄他人。在交往中既要自尊也要尊重他人。讲信用,学会谦让,积极关心他人。对一些不拘小

节的同学要学会宽容,不要过于敏感。特别是与同学发生不快和矛盾时,应学会换位思考,冷静处理。学会主动与同学交往,融入集体生活中。

4. 重新确立奋斗目标

新生入学后,如不及时确立新的奋斗目标,往往觉得无事可干,"心无所属","劲无处使",容易迷失自我。因此,新生可以就自己的专业特点、特长或薄弱环节制订每日活动计划,确定每学期奋斗目标,如计算机、英语等达到几级水平,以及长远奋斗目标,如专科生—本科生—研究生—博士生。

案例

有一位瘦子和一位大胖子在一段废弃的铁轨上比赛走枕木,看谁能走得更远。

瘦子心想:我的耐力比胖子好得多,这场比赛我一定会赢。开始也确实如此,瘦子走得很快,渐渐将胖子拉下了一大截。但走着走着,瘦子渐渐走不动了,眼睁睁地看着胖子稳健地向前,逐渐从后面追了上来,并超过了他,瘦子想继续加力,但终因精疲力竭而跌倒了。

最后,在极大好奇心的驱使下,瘦子想知道其中的秘诀。胖子说:"你走枕木时只看着自己的脚,所以走不多远就跌倒了。而我太胖了,以至于看不到自己的脚,只能选择铁轨上稍远处的一个目标,朝着目标走。当接近目标时,我又会选择另一个目标,然后就走向新目标。"

随后胖子颇有点哲学意味地指出:"如果你向下看自己的脚,你所能见到的只是铁锈和发出异味的植物而已;而当你看到铁轨上有某一段距离的目标时,你就能在心中期望目标的完成,就会有更大的动力。"

(摘自《大学生心理健康教育导论》,张丽宏、赵阿勐主编,第二军医大学出版社,2008 年,第 44 页)

5. 主动适应大学学习

大学教育是建立在中学基础教育之上的高等专业教育,培养的是社会主义建设所需要的全面发展的高级专门人才。因此进入大学,应学好专业课,同时根据大学学习的特点,要学会自主学习、独立学习、探索学习,要重实践能力的培养及其他能力的发展。自学能力的高低是影响大学生学业成绩的最重要因素。自学能力包括确定学习目标,对教师所讲内容提出质疑,查询有关文献,确定自修内容,将自修的内容表达出来与人探讨,写学习心得或学术论文等。

6. 学会自我心理调适的方法

大学生在身心发展过程中,有意识地掌握一些常用的自我心理调适方法,如自我暗示法,对自我心理放松、消除心理压力是非常有帮助的。

自我暗示是靠思想、语词对自己施加影响以达到心理卫生、心理预防和心理治疗目的的方法。通过自我暗示,可以调理自己的心境、感情、爱好、意志乃至工作能力,起到非常积极的作用。比如,面临紧张的考场,反复告诫自己"沉着、沉着";在荣誉面前,自敲警钟"谦虚、谦虚";在遭遇挫折时,安慰自己"要看到光明,要有勇气"等。

学习自我暗示,需要坚强刚毅的意志,要对自我及自我暗示有坚定不移的信心,并在实践中进行锻炼,使自我暗示得到恰如其分的应用。

课后小资料

老生给新生的建议

进入大学,你的所有过去对他们来说是一张白纸,这是你最好的重塑自己形象的时候。

大学可能有真的爱情,但只是可能。很多时候他们是因为别人都谈恋爱而羡慕或者别的原因在一起。

你在大学会有很多意外用钱的地方,永远别乱花钱。

你大学的朋友很可能是将来成就事业的一部分,他们会帮助你。但是你也要让自己有帮助他们的能力,因此,你要努力。

很多事情当你再回忆时会发现其实没有什么。因此,不管你当时多么生气愤怒或者别的,都告诉自己不必这样。

学习,永远不要忘记。如果你学习失败了,你就什么也不是。当然,也不排除意外,问题是,你是那个意外吗?

别说脏话,你知道习惯的力量。你随便的几个字或者一句话会让你在别人心目中的形象大打折扣。

好好利用公共场合说话的机会,展示或者锻炼自己。

别对你自己或者别人下结论,这非常重要。你所看到的可能只是一面。

如果你发现你一直是一个人去食堂吃饭或者去上自习,别在意,大学里一个人是正常的。

很多事情别人通知你了，要说谢谢；没有通知你，不要责怪。因为那些事情是你自己应该去弄清楚的。

"我请你吃饭"之类的话永远不要乱说。

尊严是最重要的，但在大学，你要懂得锻炼自己的尊严有承受能力。除了你自己，没人会为你保留它。社会是最喜欢打碎人的尊严的地方。

你有足够的理由佩服每天早起的人。不信的话，你去做，做到以后会发现很多人佩服你呢。

经常给家里打电话。

如果在校期间你很少去图书馆，你就等于浪费了一大笔财富。

不管男生或者女生，如果在大学里还把容貌当作重要的东西过分重视的话，可能当下不会吃亏，但早晚会吃亏。

新学期，如果你是学长接待新生，请记住你是学校的一分子，要给学弟、学妹信心。想想你做新生的时候你对学长的信任有多深。

别迷恋网络游戏。千万别，永远别。

在大学里，你有足够的空间承受失败和打击。因此，你真的应该找到自信和自傲的区别，这可以用一辈子。

如果你的个性让很多人对你敬而远之，那么你的个性是失败的。成功的个性在于吸引而不是排斥。

如果把上课不睡觉当作一种锻炼并且你做到了。那么，你会很强。

学生会主席之类的干部，如果你尊重他们，告诉自己那是因为他们是你的学长而并非他们是你的上级。级别本身不值得尊重，值得尊重的是经历和经验。

别怕丢人，那是一种成功的尝试。不要笑话那些上台丢人的人，他们比起在台下躲着喝倒彩的人，是勇者。

如果你不抽烟的话，你的精力将会比抽烟的时候更好。

的确要学会有心计，但是永远记住，最终胜利的因素永远是实力。

面对不公平，不要抱怨。不如看看做点什么能够争取属于自己的公平。

人生百态，不要对新的看不惯的东西生气。无所谓的事，如恋人同居的问题，这和我们很多人无关。

记住：为自己设定一个远大的人生目标，并终生为之奋斗。这样你会更容易成为一个充实快乐的人。

第三章 大学生自我意识

案例导入

你清楚你自己吗？你是否曾为小小的成绩而沾沾自喜？你是否曾为偶尔的困境而自怨自艾？你是否曾抱怨过英雄无用武之地？你是否曾感慨自己为什么有那么多的不如意？如果一个人看不清自己的优势，就永远实现不了自己真正的价值，由此或盲目自信，或失去自信，那么生活就会像浮萍一样找不到根基，经不起一点点的风吹日晒，一旦遭遇失败或挫折就会一蹶不振。只有找到真正的自我，才会放飞希望，冲出羁绊，去寻找属于自己的那片天空，去奏响人生最美的乐章。

第一节 自我意识概述

自我意识是什么？就是一个人对自己的看法吧。在日常生活中，有时会有意或无意想到这个问题，对自己是什么样的人慢慢勾画出一个模糊的轮廓。希望通过本章的学习，能较系统地梳理一下自己。

进入大学的学生，都会思考这些问题："我是谁？""我有什么目标？""我为什么上大学？"等形而上的问题。当我们再问一个简单的问题：请你向别人描述你自己时，你首先想到的特征是什么？是你的性格特征如外向、内向？还是外表特征如高、矮、胖、瘦？还是社会类别如男女等？事实上，你可能更倾向于用概括性的语言对自己做一个总体评价。如"我是一个追求优秀的大学生"，"我是一个有理想、有抱负但有些懒惰自制力弱的人"等。所有这一切，都是大学生自我意识的真实体现。

一、自我意识的涵义

自我意识也称自我,是个体意识发展的高级阶段。早在古希腊时期,哲人苏格拉底就提出了"认识你自己"的口号,这标志着人类自我意识的觉醒,人类开始关注现实人生,开始将目光从神的光彩投身人类自身。人类对自我意识的真正研究始于文艺复兴运动,人文主义者针对中世纪神学对人性的扼杀、对个性自我的否定进行了尖锐的批判,并喊出了"我是凡人,我有凡人的要求"的人性解放之声。此后,法国哲学家笛卡尔最先使用了"自我意识"这一概念,提出了"用心灵的眼睛去注意自身"的精辟论断,揭示了对自我意识的发现的途径。笛卡尔之后,有关自我的研究开始得到空前的发展。

自我是心理学的重要内容。精神分析学派创始人弗洛伊德提出了"自我的三结构说",即本我(id)、自我(ego)和超我(superego),从人格的三个维度上研究自我的发展。意识是人脑对客观事物的主观反映,意识既是心理学研究的重点,也是难点。与意识相对应的是"潜意识",弗洛伊德曾用冰山比喻。意识只是冰山浮出水面的尖峰,而潜意识则是潜藏于海底的冰体,蕴藏深厚,但不被看到,在他的理论中强调了潜意识对人发展的重要性。

美国心理学家詹姆斯(W. James)提出,凡属于我或与我有关的事物都是自我的内容,如身体、品质、能力、愿望、家庭等,自我从物质自我、精神自我和社会自我三个层次起作用。

社会心理学家库利(C. H. Cooley)指出:自我是一面镜子,它从别人那里反映自己的行为,自我是经历无数次他人评价而形成的社会产物。而米德(G. H. Mead)则认为:自我分为主体我(I)和客体我(Me),主体我代表每个人的自然特性,而客体我代表自我社会的一面;主体我先于客体我形成,客体我形成需要很长时间,自我意识的发展包含主体我与客体我不断对话。

自我意识(self-consciousness)是意识的核心部分,就是对"自我的认知",或者说自己对自己的认知。它包含自我认知、自我评价和自我控制。如果再进一步简化,自我意识是对自己及自己与周围环境关系的认识,包括对自己存在的认识,以及对个体身体、心理、社会特征等方面的认识。这种认识是个体通过观察、分析外部活动及情境、社会比较等途径获得的,是一个多维度、多层次的心理系统。

二、自我意识的心理功能

1. 决定个体行为的持续性与合目标性

人是社会的动物,人的行为既受诸多社会因素决定,又在很大程度上与自己的自我意识有着很大的关系。每个人的现实行为,并不单是由其所在的情境决定的,更重要的是与自我的认知、自我意识有着密切的联系。那些自我意识积极的学生,其成就动机和学习投入及学习成绩也明显优于那些自我意识消极的学生;当学生认为自己声名不佳时,他们会放松对自己行为的约束。可以说,个人怎样理解自己,是保证个体如何行为及以何种方式行为的重要前提。

2. 决定个体对经验的解释

不同的人可能会获得完全相同的经验,但每个人对这种经验的解释却可能有很大的不同。解释经验的方式决定于一个人的自我意识。一个自认为能力一般,只该获得平均成绩的学生,对于比较好的成绩会认为是取得了极大的成功,感到十分满足;而对于同样的成绩,一个自认为能力优秀、应当获得出众成绩的学生,会解释为是遭到了很大的失败,并体会到极大的挫折。事实证明,当个人的既有自我意识消极时,每一种经验都会与消极的自我评价联系在一起;而如果自我概念是积极的,每一种经验都可能被赋予积极的含义。

3. 影响个体的期望水平

自我意识不仅影响到个体现实的行为方式和个体对过去经验的解释,而且还影响到个体对未来事情发生的期待。这是因为,个体对自己的期望是在自我意识的基础上发展起来的,并与自我意识相一致的,其后继的行为也决定于自我意识的性质。研究发现,差生的成绩落后并不是孤立存在的,而是他的整个行为动力系统都出现了角色偏离的结果。成绩长期落后对于普通学生是不正常的,但对于差生,由于他们的整个行为动力系统都出现了偏离,并在偏离的状况下形成了一个新的自相一致的系统,因而在系统内部一切都不得并没有不正常。换言之,落后的学习成绩正是差生自己"期待"的结果。

三、自我意识的内容

自我意识可以从不同的角度进行分析。我们从知、情、意分为"自我认知、自我体验、自我控制";从自我本身分为"生理自我、社会自我与心理自我"。

（一）知、情、意的自我意识

1. 自我认知

自我认知是主观自我对客观自我的评价,包括自我感觉、自我观察、自我印象、自我分析、自我评价等。自我认知解决"我是一个什么样的人"的问题。自我认知层面上还包含现实自我与理想自我的冲突。特别是青年大学生,他们的理想自我一般都比较完美,高于现实自我,在实际中就会出现对现实自我的不满意,表现出自卑甚至自弃。一名沉溺于网络的大学生曾经这样写道:"我的理想是做一个有抱负、有成就、成功、非凡的人,在大学要为我将来的成就奠定基础,我的理想自我是一个优秀大学生,可在现实中,我却发现自己意志薄弱、缺乏奋斗精神而且比较懒散,约束不好自己。当我第一次为上网逃课时,我对自己说:仅这一次,但每次的决心都在网络巨大的诱惑面前败下阵来。我越来越觉得现实自我距离理想自我越来遥远,甚至有时都不敢正视自己。"大学生的自我认知以真实自我为轴心上下摆动,当学生取得一点成绩时,便显示出自负的一面;而当遇到挫折时,学生便表示出自卑的否定性评价,这都是大学生自我认知中客观存在的。

进行客观、正确的自我评价是复杂、毕生的,人的自我发展也是连续的终生的,对自我的认识将是人类永恒的话题。"认识你自己"也将是一个终生课题。

2. 自我体验

自我体验是主观自我对客观自我产生的情绪体验,是在自我认知基础之上产生的。自我认知决定自我体验,而自我体验又强化着自我认知,主要集中在"能否悦纳自己"、"对我是否满意"等方面。自我体验的内容十分丰富,可以包括义务感、责任感、优越感、荣誉感、羞耻感等。

在传统的教育中,我们对自我体验的重视与强化不够。事实上,自我体验对成长着的个体而言,具有不可替代的重要作用。有时,同样的事件,他人的体验与自身的体验截然不同。很多从体验中获得的自我远远高于从理性获得的体验。这是一个学生在盲行体验后写的体会:"我是一个失去母亲的人,从母亲离开我的那一刻,我总是想命运对我不公平,假如慈爱的母亲还在,我会有更加灿烂的明天,我会活得更加快乐,可命运就像跟我开了一个天大的玩笑,将如此美丽而智慧的母亲赐予我,却又极其容易地夺走了她。老师的心理互动课上,让我们体验盲行,那一刻,我首先感到的是恐惧,顷刻,我生活在没有光明的世界里,我忽然失去了最初的安全感与自由感,我心里害怕极了,我担心牵我的手突然放开,我担心不知如何找到回来的路,最初的恐惧使我对牵我的手有了心理上的依赖,在他的牵引下,我一步步地向前,当光明再一次展示在我面前时,我顿悟:我拥有很多,失去母亲固然是生活中的不幸,但我是幸运的,因为还有很多爱我的人,我拥有明亮的眼睛,能够直接看到这个美妙的世界。"这种自我体验具有不可替代性,每份体验都是独特的。在此,我也希望大学生用心体会自我的成长,体会你成长中的每一次阵痛、每一次受伤、每一份微笑,这些都将构成你们灿烂人生中美丽的风景线。

3. 自我控制

自我控制是对自己行为和思想、言语的控制,以达到自我期望的目标。包括自我激励、自我暗示、自强自律,核心内容是"我将如何规划自己的人生"。自我控制是自我的最高阶段,其核心是"我应该做什么?""我应该成为什么样的人?""我可以选择如何做?"我们经常讲的"自制力"其实就是自我控制的能力。心理学研究表明:自我控制与大脑额叶的发展紧密相关,当我们生理正常时,自我认知与自我体验决定了自我控制,大学生通过主观能动性,选择认识角度、转变认知观念、调整自我认知评价体系、感受积极自我。

自我控制是自我意识的关键环节,"知"与"行"之间有很长的路,大学生常常"心动而不行动",事实上心动是一件容易的事,而真正历练意志则需要更多的自我控制。我们不妨打一个比方:早晨起床,应当是一件最简单不过的事,但对懒惰者而言,也是需要意志的,特别是寒冷冬天的早晨,想想被窝里的温暖,再面对起床的痛苦,都要进行思想斗争,而当意志成为一种习惯时,自我控制便转变为"自动化"。成功的人都有较高的自我控制。但并非所有的自我控制都是积极的,有的大学生对自己的要求非常高,自我控制能力强,而在实际中却因为主观或客观原因没有能够达到,容易对自我产生怀疑与否定。

(二) 生理、心理、社会的自我意识

从自我意识的活动内容来看,自我意识又可分为生理自我、心理自我与社会自我。生理自我是个体对自己身体、生理状态(如身高、体重、容貌)的认识和体验,它是一个人在与他人交往的过程中通过学习而逐渐形成的,它使一个人把自我和非我区别开来,意识到自己的生存是依托于自己的躯体内的。生理自我是与生俱来的,我们只能接受它不能改变,随着自我意识的成长,我们逐渐对生理自我有一个明晰的看法与正确的认识,但由于青年时期的不确定性,有的学生对生理自我产生较高的心理关注,女生关注自己是不是漂亮、迷人有吸引力,胖瘦高矮甚至脸上的雀斑;男生关注自己的体形与身体高度甚至生理器官、声音的吸引力等,这些都是因为大学生正处于青春期乃至青年初期,生理自我处于高度关注时期。

心理自我是个体对自己的心理活动、个性特点、心理品质的认识、体验和愿望,包括对自己的感知、记忆、思维、智力、能力、性格、气质、爱好、兴趣等的认识和体验。心理自我也伴随着成长着,我们的情感、智力、能力、兴趣、情绪等都与日俱增,我们学会评价自己的心理自我、体验心理自我,如初恋与失恋的体验、成功与失败的体验等。随着自我意识的发展,个体的社会角色渐渐浮出水面并占据重要位置,与此相应的责任感、义务感、角色感都在增长着。

社会自我是个体对自身与外界客观事物关系的认识、体验和愿望,包括个人对自己在客观环境及各种社会关系中的角色、地位、权利、义务、责任、力量等的意识。青年男女常用"我已经长大了"来表达自己的社会自我,期望社会给予积极的肯定与认可。生理自我、心理自我与社会自我是密切联系的、相互影响的,它们都包含着不同的自我认知、自我体验与自我控制,但由于比例和搭配的不同,构成了个体对个体自我意识之间的差异。也使得每个人都有自己的对人、对己、对社会的独特的看法和体验。

四、自我意识的发生与发展

个体自我意识是个体生理和心理能力一定程度的成熟基础上发生、发展的,它是个体在与社会环境长期的相互作用过程中形成和发展的,许多社会因素对自我意识的形成和发展起着重要作用。

1. 生理、心理能力的发展与自我意识的发生

自我意识发生或形成主要有物—我知觉分化、人—我知觉分化和有关自我的词的掌握三个标志。在最初的意识发生和发展中,主体意识是先于自我意识而发展的,主体意识是自我意识发生和发展的基础。婴儿必须首先在自己和客体间作出区分,才有可能在客体中区分出物理客体和他人,进而在自我和他人之间做出区分,形成自我意识。但在五个月后,当婴儿能对他人微笑时,主体意识和自我意识的发展就开始相互作用、共同发展了。特别是在后来随意性动作与言语的掌握相结合,当婴儿能逐步意识到活动本身的进程和结果,能够意识到自己的主观力量时,主体意识就同自我意识完全融为一体了。总之,自我意识发生、发展与生理的发展密切相关,离开了生理及其相应的心理能力的发展,自我意识就不可能发生、发展。

2. 自我意识在社会互动中形成和发展

生理的成熟和发展只是形成自我意识的前提，并不能必然保证自我意识的形成和发展。心理学的研究表明，自我意识的形成和发展还有赖于个体参与社会生活、与他人相互作用。心理学家库利指出，自我观念是在与他人交往过程中，个体根据他人对本人的反应和评价而发展的，由此产生的自我观念称为"镜中我"。米德指出，我们所属的社会群体是我们观察自己的一面镜子。他对社会互动中自我意识产生的机制和过程作了深入研究，认为自我意识是在社会中通过扮演他人的角色，把自己置于互动对方的位置上而逐步形成的。

3. 影响自我意识的社会因素

影响自我意识形成与发展的社会因素有社会经济地位、社会文化环境、家庭、他人的评价、参照群体等。青年时期自我意识的转变包括：从依靠别人的评价转向独立评价；从评价别人转向自我评价；从具体行动的评价转向运用个性品质评价；从单纯依靠表面现象与行为的效果转向动机与效果统一的评价。

五、自我意识形成的信息来源

自我意识是人所特有的心理标志，它不是与生俱来的，而是后天获得的，是个体在社会环境中，在与他人的互动中逐渐形成的。一般而言，大学生对自己的认知可以通过以下四个方面逐渐形成：

1. 他人的反馈

通常，别人会对我们的品质、能力、性格等给予清晰的反馈，从而增强我们对自己的了解。当我们被老师告诫要更加大胆一些，更加主动、更加勤奋一些时，我们便会从反馈中得知：自己有些害羞，不够主动，学习不够勤奋。特别是当许多人的看法一致时，我们就会相信这种看法是正确的，从而确定自己是这样的人。激励对成长中的大学生是非常重要的，我们经常说："优秀的学生是夸出来的。"当否定性评价过多时，学生会产生"习得性无助"。这是由马丁·西格曼（Martin Seligman）研究提出的，它是指对环境失去控制的一种信念，当一个人拥有这种信念时，他感到不能从环境中逃脱出来，便会放弃了脱离环境的努力。如有的大学生会说："无论我如何努力，我也不会成为受大家欢迎的人。"事实上，"习得性无助"是一种严重的自我意识障碍，它抑制了人改造与影响环境的能力，强化了顺从甚至屈从并转化为一种内在信念。"习得性无助"是后天形成的，特别容易受到环境的影响。尤其是当大学生来到一个陌生环境开始新的学习生活时，环境适应中的自我意识显示出巨大的张力，很多在中学时代有着骄人成绩的学生由于种种原因而认同了自己的平凡并不尝试改变时,就极易产生"习得性无助"。

2. 反射性评价

在生活中,那些与我们生活无关紧要的人有时并不会给予我们清晰明确的反馈,但我们可以从他们的态度与反应中来了解自己。符号互动学者库利提出"镜中我"(looking-glass self),认为我们感知自己就像别人感知我们一样,镜子中的我或别人眼中的我就是我们感知的对象,我们常常依据别人如何对待我们来了解自己,这一过程称之为反射性评价。

当大学生在与同学、老师交往中感知到的"自我",可得到一些反射性评价。如一个大学生在给我的信中提到:"我感到非常孤独,宿舍的同学不喜欢我,常常是当我在宿舍外面听着里面在热烈地谈论一个问题而我进入宿舍时,谈话经常就中断了,大家的表情也显示出冷淡与不在乎,我不知道自己做错了什么,得不到大家的认同,这使我非常痛苦。在来自不同家庭背景的同学中,我的家境略好些,可这不是我的过错,我一直主动地想与同学相处好,甚至做了一系列努力都得不到大家的认同。在中学以前,我一直是非常受人欢迎的,我现在变得沉默了,因为不知道该如何做。"反射性评价对自我的形成也起着重要作用。

3. 依据自己的行为判断

贝姆(D. Bem)的自我知觉理论(self-perception)认为:在内部线索微弱或模糊的情况下,人们常常依据外在行为来推断自己的特征如性格、态度、品质、爱好等。如当学生参加公益事业时,学生认为自己是一个高尚的人;但在大多数情况下,人们常常依据内部线索了解自己,如想法、情绪来了解自己,而且比外显行为更准确,因为行为易受外在压力的影响,更易伪装。个体的行为既具有外显性更有内倾性,因而依据自己行为的判断为自我的确立提供了可靠的依据。

4. 社会比较

费斯廷格提出了著名的社会比较(social comparison)理论认为:人们非常想准确地认识自我、评估自我,为此,在缺乏明确标准时,人们常常和自己相似的人做比较。

大学生正处于人生重要的发展时期,他的人生目标、职业理想、生活态度等都在形成之中,社会比较为大学生提供了认识自我、了解自我和发展自我的重要标尺。社会比较也是每个个体认识自我不可或缺的方面。没有社会比较,就没有自我的进一步优化。当然,自我比较并不总是向着积极的方向,自我比较又分为向上比较、向下比较与相似比较。当个体的目的与动机不同时,采用的社会比较策略也不相同。例如,自我保护与自我美化的动机促使学生与那些不如自己走运、成功和幸福的人相比;而自我成功动机强的人更倾向于向上比较,向着那些比自己更加成功的人比较,促使自己更加成功。

三、大学生自我意识的特点

(一) 自我认识方面

自我认识是自我意识的表现形式之一,它主要表现为主体的我对客体的我的认识,这是一种身心认定,主要解决"我是一个什么样的人?"、"我为什么是这样的一个人?"等问题。它包括:自我感觉、自我观察、自我分析、自我评价等。其中,自我评价是自我意识的核心,也是自我体验和自我控制的基础。

大学生就其年龄而言,处于青年初期和中期阶段,特殊的年龄阶段和心理生理发展阶段,使得他们表现出不同于其他青年人的自我认识特点。

1. 大学生的自我意识明显增强但矛盾突出,自我感觉是自我认识的起点

大学生的自我感觉意识较中学时代明显增强,他们不仅关注自己的外表、行为举止等外在的因素,而且更关注自己的性格、智力、交际能力、组织能力等内在的因素。原先表面的我、笼统的我逐渐分化成了实质的我、具体的我。自我的分化,使大学生对自己的内心世界和行为、对自己的角色和责任有了新的认识。他们明显感觉到了自己身上肩负的历史使命,自觉地赋予自我以重要地位的角色,然而由于理想自我和现实自我的矛盾冲突,使得自我意识难以统一。

大学生自我意识的矛盾具体表现为:

首先,对自我的期望过高。由于社会对大学生一向期望甚高,家庭也以子女考上大学为荣,因此,大学生的自我感觉一般很好,他们甚至会用社会自我、理想自我直接代替现实自我,即用超我代替真我。

其次,对独立的误解。在网络背景下,大学生把独立与"无政府主义"等同起来。他们热衷于上网是表面现象,追求独来独往或不顾社会规范的我行我素却是其深层心理。其实,独立并不意味着独来独往与我行我素,而是指在感情上、行为上个体能对自己负全部责任,但并不排除接受他人的帮助。大学生的独立意识增强,这本身是一件好事,它表明大学生的成熟,但是,若不能达到自律与他律的有机统一,则极易陷入孤僻的误区。

第三,对自我的否定。一部分大学生由于缺乏强有力的家庭、社会背景的支持,再加上自己某方面能力的不足,从而导致对自我的否定。一次次小小的失败都可能积累起沉甸甸的挫折感,挫折感的积累又是自卑感产生的前提和基础。一个人一旦缺乏自信,便会部分或完全否定现实自我,从而导致对自我的认识和评价过低。

2. 大学生自我分析的广度拓宽但深度不够

大学生的自我分析构成了自我认识的前提条件,正确的自我认识是建立在恰当的自我分析基础之上的。从广度上看,大学生的视野比其他青年开阔,他们走在网络世界的前沿。由于网络世界没有国际疆界、没有长者权威,这对于崇尚自我、标举创新的大学生来说,无疑是最理想的选择。在网络世界里,他们可以无拘无束地汲取信息、制造信息和传播信息。丰富而前卫的网络信息激发了大学生自我分析的灵感,拓宽了他们自我分析的广度。他们对自我的分析不仅涉及生理、心理等一般问题,而且还涉及自己在整个大学生群体中、在整个社会中、在整个网络世界里究竟处于什么地位。当他们在网上接触到各种典型人物而有所激动的时候,当他们阅读各种文学作品受到感染并和主人公相对照的时候,当他们在学习和生活中遭遇挫折的时候,往往也是他们的自我感表现最强烈的时候。这时候他们的内心会产生一系列的想法:我究竟是怎样的人? 我有什么优缺点? 我在周围人心目中处于什么地位? 我将来会成为一个什么样的人? 我应该怎样努力才会赶上和超过别人? 产生这些想法的过程,就是大学生自我分析的过程。

从深度上看,大学生对自我的分析虽然比中学时代有所加深,并且随着年级的提高,自我分析的深刻性也呈提高的趋势。但是,由于理论知识的功底不扎实,由于网上信息的表象化、多元化,使得大学生在进行自我分析时往往看不到问题的实质。例如有的大学生在看到社会上的不正之风后,就误认为整个社会一片漆黑、无正气可言。在否定他人的同时,为自我分析找到了辩解的理由。当自己身上出现这样那样的不足时,往往归因于他人和社会,这明显体现了大学生自我分析的深度不够。

3. 大学生自我评价途径多样、能力增强但欠客观

大学生的自我评价是自我认识的核心。大学生的自我评价途径多样,主要表现为:对镜评价。根据库利"镜中自我"理论,社会就像一面大镜子,你在其中的形象如何,必须依赖于他人的评价和肯定,尤其是父母、兄长、教师和同学的评价。同学对大学生的发型、衣着、仪表风度的看法,会改变大学生对自

我的认识;教师对大学生学习能力的评价会影响大学生自我发展的方向;父母兄长对大学生的态度也会激发起大学生强烈的自我意识;大众传媒的宣传包括网络在内对大学生自我意识的发展也起到了不可低估的导向作用。可以说,大学生自我评价的成熟及自我意识的发展是在他人的态度和评价中形成的。

自省评价。大学生的自我评价不完全以他人评价为根据,已经确立相对稳定的世界观和人生观的大学生,其自我评价往往以自我分析独立完成。但是,大学生要摆脱外界评价的影响而进入到独立地进行自我分析的阶段是一个艰难的过程,一般要看他们的世界观、人生观的确立是否相对稳定。大学生能借助一定的社会评价来认识自己,但又不完全依赖别人的评价,这是大学生自我评价能力增强的表现。但是,由于大学生对客观事物的理解和判断上的肤浅性和片面性,常常使得他们对自我的理解和判断只看到一面而看不到另一面,只看到表象而看不到本质,所以就有可能时而夸大自己的长处,缩小自己的短处,时而又相反。

(二)自我体验方面

大学生的自我体验,明显不同于童年时期和少年时期那种被动的、短暂的、肤浅的自我体验,而是能够对自己内心的各种情感自觉的感受和体会,这是一种情感的认定。大学生的自我情感体验有如下特点:

1. 大学生的自我情感体验丰富、深刻但两极性明显

大学生活是丰富多彩的,网络生活更是精彩纷繁。丰富多彩的校园生活和网络生活为他们发展自我情感体验的丰富性提供了条件。随着专业知识学习的深入,有些大学生能明显感受到在知识的海洋里徜徉的快乐;在丰富多彩的校园文化活动中,有些大学生可能会为一场学术报告或英模报告而产生自豪、自矜或自卑、自惭的自我体验;在与大学教授、辅导员、班主任接触的过程中,有些学生可能会为他们的无私行为而产生献身事业的情感体验;在参加社会实践活动的过程中,有些大学生可能会产生为人民服务的情感体验;随着生理的成熟和心理的发展,大学生友谊与爱情的情感体验也更加广泛深刻。在网络的虚拟世界里,大学生热衷于以一个虚拟的身份,建立起一个虚拟的人际关系,在网上与另外的虚拟的人或打情骂俏或倾诉绵绵衷情,然而,网上相恋不等于现实,当网恋被"面对面"的真实撞击得粉碎时,大学校园里就又多了一个悲伤凄婉的故事。

大学生的情感体验虽然丰富、深刻,但两极性明显。当他们取得成绩而受到表扬时,当他们的言行举止被别人接纳时,就会表现出愉快、喜悦等积极的、肯定的情感体验;当他们受到挫折、批评时,就会产生低沉、忧郁等消极的否定的情感体验甚至会自暴自弃。

2. 大学生的自尊心、独立感增强但把握不稳

自尊心、独立感是一个人对自己抱肯定态度的情感体验。大学生随着生理的逐渐成熟,心理上产生了一种前所未有的成人感,并强烈要求别人能把自己看成社会成人。他们的心中逐步确立了一个新的自我、成人式的自我。例如,他们在与人交往的过程中,极力地阐述自己的主张;在学习过程中喜欢独立思考,不喜欢别人的管教;在生活中,喜欢自立自治;在班级活动中,不喜欢别人过多的干预、指责、干扰和控制自己的言行。对自由和独立的内在追求引发了大学生对网上世界的钟情。网络无中心,没有谁服从谁的问题;网络无起点、无终点,每一个网民都不是中心,同时又都可以视自己为中心。总之,在网上,"你想如何干就如何干","只要你自己肯定的,什么都是可以的"。这种自我意识方面的相对主义,实质是道德上的个人主义和虚无主义。

大学生的自尊心、独立感增强的同时,常出现矛盾和不稳定的特点。他们常希望在正确认识自己的基础上肯定自己,但往往在片面肤浅的认识基础上肯定自己;他们希望别人尊重理解自己,但自己常常不尊重理解别人,甚至伤害别人;他们希望自己是一个了不起的能人,但又不善于向别的能人学习;自己想成功,一旦受挫折又极易灰心丧气;表面上不在乎别人对自己的看法,但内心却十分计较这些。

3. 大学生自我体验的表达从封闭性向开放性过渡

大学生自我体验的封闭性是他们自我认识迅速提高的副产品,是一种过渡性的情感体验。大学生从内心讲是非常愿意与别人诚挚地交往的,希望与别人交流思想、沟通情感。但是相当一部分大学生自跨进大学校门之日起,就产生了一种莫名的孤独感,现实生活中人际关系的复杂化使他们对正常的人际交往望而却步,所以总是自觉不自觉地以一种闭锁的方式来处理自我体验的矛盾性。

但是,人是社会的人,一个人要想完全封闭自己是不可能的,生活中总有一些东西是别人可以体察到的,甚至包括人的情感在内。随着大学生自我认识水平及自我表达能力的提高,大学生的自我情感体验必然从封闭性走向开放性。大学生自我情感体验的开放性表现在:认同感的寻求,力求从自己对他人的态度来认知他人对自己的态度;在社会现实交往中,尽可能扩大自我开放的程度；在网络虚拟世界里，一任自己的情感驰骋翱翔。

要想完全封闭自己是不可能的，生活中总有一些东西是别人可以体察到的，甚至包括人的情感在内。随着大学生自我认识水平及自我表达能力的提高，大学生的自我情感体验必然从封闭性走向开放性。大学生自我情感体验的开放性表现在：认同感的寻求，力求从自己对他人的态度来认知他人对自己的态度；在社会现实交往中，尽可能扩大自我开放的程度；在网络虚拟世界里，一任自己的情感驰骋翱翔。

（三）自我控制方面

大学生自我控制的愿望十分强烈，自我控制的水平较中学生有明显提高。特别是在自觉性、果断性、坚持性、自制力等方面有显著发展。这是一种意志的认定，意志的认定是大学生在客观世界中完成体现自己的关键环节。

1. 在自我控制的主动性方面

大学生自我控制的主动性提高主要表现为独立性的发展，这种独立意识促使他们对自己的控制方式逐步从外部控制转变为内部控制，即主动地掌握自己的心理变化，特别是在规划自己的职业理想、生活理想和人格理想时，基本上克服了由家长、老师和长辈帮助规划的被动情况，而转变为主要依靠自己的想法主动地独立地规划。

2. 在自我控制的社会性方面

一方面大学生有自己的兴趣爱好，他们非常希望按照自己的主观需要广泛阅读自己感兴趣的书籍、从事自己感兴趣的工作；学校家长社会对大学生又提出了不同的要求，择业现实的严峻性迫使大学生的自我天平由主观自我向客观自我倾斜，按照社会标准、社会期望、社会条件来规划自己的未来，已成了大学生的必修课。

大学生自我控制水平明显提高的同时，也陷入了意志发展的种种误区：逆反、盲从和懒惰。尤其是在网络背景下，大学生的自我控制意识受到了严峻的挑战。网络信息的丰富性极易导致信息的过度膨胀和泛滥。和传统媒介不同的是，网络信息基本上是无法控制和过滤的，也就是说，网上各种合法信息和非法信息、有益信息和有害信息、有价值信息和垃圾信息、真实信息和虚假信息是混杂在一起的，这就使得一些辨别能力较差的学生、自控能力较差的学生在价值判断和价值选择上误入歧途。例如，有的大学生沉迷于网上色情之中不能自控；有的大学生在网上受西方敌对势力的"分化"，对社会主义信念产生了动摇；有的大学生则利用高科技的手段进行网上犯罪活动。总之，在网上，道德的他律作用越来越淡化，大学生的道德自律意识受到了新的考验和锻炼。经受住考验的大学生，自我控制的能力将有新的提高，逐渐成为"自己把握自己"、"自己规范自己"、"自己创造自己"的充满道德主体精神的现代化的"四有"新人。

第二节　自我意识的完善

对自我意识有基本的了解，包括它的含义、意义，及我自己的自我意识如何，这让我对自己的未来也有了一些更清晰和不同的想法。同时，我对自身的一些特点，还是蛮不接纳的，也在想：怎么去做一些改变，让自己变得更棒呢？

理论探索

大学生自我意识的发展与完善，始终昭示着一条通往未来的光明大道。正如古希腊哲学家苏格拉底所说的"认识你自己"，自我意识的完善也是一个不断地进行自我认知、自我评价、自我改造、自我完善的过程，正如雕琢一件工艺品一样，真正的匠人为了心中的追求，终生不悔。

"认识自我"是人类智慧的表现，"改变自我"是成功人生的敲门砖，只要敢于突破自己那颗脆弱的心，拿出行动，你就能超越自我。"丑小鸭"就会变成世界上最美丽、最有活力、最有价值的人。

一、健全自我意识的标准

自我意识对人的心理健康起着很重要的作用，它制约着人格的形成发展，在人格的优化中发挥着强大的动力功能。健全的自我意识是心理健康的重要标准，是人类自身内在的一种成功机制，在人才发展中发挥着重要作用。健全的自我意识有如下标准：

1. 自我意识健全的人，应该是一个有自知之明的人，既知道自己的优势，也知道自己的劣势，能正确评价自我和自我发展。

2. 自我意识健全的人，应该是自我认识、自我体验和自我控制相协调一致的人。

3. 自我意识健全的人，应该是积极自我肯定的、独立的并与外界保持一致的人。

4. 自我意识健全的人,应该是理想自我与现实自我统一的人,有积极的目标意识和内省意识,积极进取、永无止境。

二、自我意识完善的途径

(一)全面认识自我

1. 哈里理论——认识自我的窗口

我们常常想不开,正是因为我们无法解释自己矛盾的心情,无法解释发生在自己身上的事情,无法解释我们自己,我们对自己感到迷惑,就像一个还没有自我意识的儿童无法解释镜子里的自己,对此充满了疑惑和好奇。然而当他长大,知道了镜子里的便是自己,问题便迎刃而解。多一些知识,便多一种解释,心中便少一份疑惑,生活便多一份快乐,哈里的窗口理论便又给我们打开了一扇认识自我的窗口。

哈里窗口理论

自知自不知他知 A

公开的我 B

盲目的我他不知 C

秘密的我 D

未知的我如上图所示,哈里认为,人的自我意识按照自己是否意识到和他人是否认识到两个维度,互相组合可以分成四个部分:我知他也知的部分,称之为"公开的我";我知他不知的部分,称之为"秘密的我";我不知他知的部分,称之为"盲目的我";我不知他也不知的部分,称之为"未知的我"。

这一理论给我们提供了一个了解自我的思路,同时也预示了自我认识是个多角度的发展过程,不是一蹴而就的。

2. 心理测验——走进心灵深处的科学

有许多心理测验,如人格测验、智力测验、心理健康评定量表等,都可以帮助个体了解自己的人格特点、智力情况和心理健康状态等,是帮助个体认识自己的重要手段,相对客观。但要说明的是,心理测验及任何理论方法的结果,都只是作为了解自己的参考,不是绝对准确的,要综合考虑各个方面的情况,全面而且发展地看待自己。

例一:自我二十问法,也称"你是谁测验"

指导语:"现在,我问你二十次'你是谁',请你把想到的答案一一写在纸上,每个问题只有二十秒左右的时间供思考并写下答案。比如说,当我问'你是谁'时,你们可以这样回答:'我是××大学的一年级学生。'如果当我问'你是谁'时,你们有时可能一下子想不出答案写不出来,这种情况下可以不写,当我再问下一个'你是谁'时,再继续往下写。请你们只写下自己想到的答案,不要参考周围其他人的答案。当我问完 20 个问题又 20 秒之后,你们要停笔不再作答。"

3. 不畏浮云遮望眼——多角度评价自我

全面认识自我是形成自我意识的基础,如果一个人能够全面地、正确地认识自己,客观地、准确地评价自己,就能够量力而行,确立合适的奋斗目标,并为实现这一目标而不懈努力。因此,大学生只有打破自我封闭、拓宽生活范围、增加生活阅历、扩展交往空间、积极参加活动、扩大社会实践,才能找到多种参考系,才能凭借参考系来多方面、多角度地认识自我,做到不自卑也不过于自信、不骄傲也不过于谦虚,才能充分发挥自己的聪明才智,实现自己的人生价值。可通过以下途径来认识自我:

(1) 通过对他人的认识来认识自我。深刻的自我认识是以深刻认识和理解他人、理解社会为前提的。大学生应积极主动地投身于认识世界、改造世界的社会实践活动中去,不断丰富自己对自然、社会和他人的认识。通过认识他人、认识外界事物来进一步认识自我。

(2) 通过分析他人对自己的评价来认识自我。正确地认识他人对自己的评价,是自我认识的一条重要途径,大学生一般很在乎别人对自己的看法,尤其是有影响力的评价者。他们对别人的评价往往引起两方面的反应,一方面积极地接受别人的看法,另一方面也许认为别人的评价不符合自己的实际。因此评价者的特点,评价的性质将会影响到他们对评价的接受程度,开展同学之间的互评、教师给予具体而有个性的评价,都有助于自我意识的提高。但应注意评价的准确性、全面性、公正性,不切合实际、片面的、不公正的评价,也可能导致自我认识的误区。当然,大学生应正确对待他人对自己的评价,从分析他人对自己的评价中进一步认识自我,而不应对别人指出自己的缺点而耿耿于怀,更不应对自己的优点而沾沾自喜。

(3) 通过与他人的比较来认识自我。人总是不由自主地将自己和他人进行比较,在比较的过程中发现自己的优势、明白存在的问题、认识自己能力的高低、道德品质的好坏、追求目标是否恰当等,因此对大学生进行自我意识的培养时,要引导他们不仅与自己情况差不多的人比较,更要敢于与周围的强者比较。在通过比较来认清自己的优势和劣势,长处和短处,达到取长补短、缩小差距的目的。

(4)通过自我比较来认识自我。人们不仅可以通过与他人的比较来认识自我,也可以从比较自己的过去、现在和将来中认识自我。因此,对大学生自我意识的培养,一方面应鼓励学生超越自我,不要满足于现有的成绩。另一方面也要引导学生确立恰当的抱负水平,不要一味地跟自己过不去,从自己的发展历程中进行比较,从比较中认识自我。

(5)通过自己的活动表现和成果来认识自我。大学生在从事各方面的活动中展现自己的聪明才智、情感取向、意志特征和道德品质。通过活动认识自己,用"实践是检验真理的唯一标准"来检查自己。因此在培养大学生自我意识的过程中,要引导他们正确分析自己的活动表现和成果,客观地认识自己的知识才能、兴趣爱好,进一步发挥自己的长处,弥补自己的短处。

(6)通过自我反思和自我评价来认识自我。大学生已具备了一定的自我反思和自我批评能力,尤其是大三、大四的学生。在自我意识的培养中,要教育、引导他们不断地对自己的心理活动进行反思、分析,勇于解剖自己、敢于批评自己,在自我解剖和自我批评中加深对自己的认识。

(二)积极悦纳自我

有的人从生下来就不满意自己,天天审判自己:如我为什么是个女孩,不是男孩;我为什么是单眼皮,不是双眼皮;我为什么生在穷家,没有生在富家;我为什么长得天使的身材,魔鬼的脸;我为什么不如别人那么优秀,等等。这种过度的审判就是不接纳自己。心理学研究表明,人的很多心理问题是由于不接纳自己造成的。同学们,金无足赤,人无完人。正确地面对自我、接纳自我,是你获得成功必不可少的心理条件。有位哲学家曾说过:"一个人如果能够战胜自己内心的黑暗,就永远站立在灿烂的阳光中。"是的,别人把你打倒了,你可以爬起来;自己把自己打倒了,或许永远也无法爬起来,因为你的信念倒了,意志倒了……自卑、忧伤、烦恼,使你自己永远处于黑暗之中。所以,战胜自我需要的不仅是勇气、力量,更重要的是接纳自我。

接纳自我就是相信自我。有人说世界上没有两片相同的叶子,借用一下,你就是世界上独一无二的,有史以来,曾经有亿万人生活在这个地球上,但从来未曾有过第二个你。如果你不克隆自己,也将永远不会有第二个你。所以你有足够的理由自尊自爱,即使是遭受挫折、历经坎坷。如果你连自己都怀疑,还能指望谁能相信你? 要相信自己的能力,对于贬抑性的评价不要盲目接受。事实上,社会上有些评价并不总是正确的。例如,发明大王爱迪生,上小学时被老师认为"智力迟钝",刚念了三个月小学就被开除了;爱因斯坦在学生时代被老师斥责为"永远不会有出息"。而事实上呢,他们都在科学领域作出杰出贡献。同学们,要学会把贬抑性的评价化为自己向上的动力,看成是对自己的鞭策和督促,这样就能防止自卑感的产生。

接纳自己就要原谅自己。人生的大道并不是平坦的,总会有太多的不如意,如某件事没有做好、考试没有考好等,假如你总是无休止地埋怨自己、惩罚自己,你将陷入一种自卑和自暴自弃的恶性循环之中。曾有一位学习尖子,偶然一次败得很惨,便开始给自己挖精神陷阱。她问班主任:"老师,我原来是全年级前五名,这回我在班级内才考到 30 名,回家后怎么向父母交代? 左右邻居怎么看我? 我的竞争对手不知会怎么嘲笑我呢,同学们一定会指手画脚地议论我……"她就这样傻乎乎地挖精神陷阱,就是不肯停下来,不肯原谅自己。不要把一次偶然的失败看得太重,把失败当成了给自己心理施加压力的包袱。有效的方法就是原谅自己,把用于挖精神陷阱的时间,用于分析失败原因,用于研究重新取胜的办法,走出失败的陷阱、重现当年的辉煌。

接纳自我就要正视自己。"尺有所短,寸有所长",每个人都有短处和缺陷,其中有的是无法补救的,或只能做有限的改善。在这种情况下,应该正视自己,坦然接受这种缺陷,并不为此羞愧,不在别人面前加以掩饰,不采取其他防御行为。如只注意自身不足的人,容易产生自卑心理。例如,有些学生认为自己长得丑而有意把自己封闭起来,拒绝与人交往,幻想与世隔绝,躲到深山或沙漠里去。殊不知这样做往往事与愿违,内在美表现不出来,反而增添了孤独苦闷。人的美与丑从来就不是绝对的,相貌的好坏并不是人的本质内容。人的美包含有面貌、身材、心灵、气质等多种因素,其外在美与内在美相比较,后者重要得多,有价值得多。雨果笔下巴黎圣母院中的卡西莫多长得丑,但没有一个人认为他丑,因为他的内心是美的,他赢得人们的敬爱。一位先哲说过:"人不是因为美才可爱,而是因为可爱才美丽。"

(三)提升自我效能——完善与超越自我的策略

自我效能是一种积极的自我信念,有积极自我信念的人,更容易成功。

1. 成功信念之一:过去不等于未来

电影巨星席维斯·史泰龙多年前十分落魄,身上只剩 100 美金,连房子都租不起,睡在金龟车里。当时,他立志当演员,并满怀自信地到纽约的电影公司应征,但都因外貌平平及咬字不清而遭到拒绝。当纽约所有 500 家电影公司都拒绝他之后,他仍然坚持"过去不等于未来"的信念,从第一家电影公司开始再度尝试,在被拒绝了 1 500 次之后,他写了《洛基》的剧本,并拿着剧本四处推荐,也继续被嘲笑奚落。在一共被拒绝了 1 855 次之后,终于遇到一个肯拍那个剧本的电影公司老板时,又遭到对方不准他在电影中演出的要求。但最后,坚持到底的席维斯终成闻名国际的超级巨星。

你能面对 1 855 次的拒绝仍不放弃吗?席维斯能,他做别人做不到的事,所以他能成功。我相信只要你要,你也一定能。

2. 成功信念之二:没有失败,只有暂时停止成功

如果你已经为人父母,当你的孩子正在学习走路时你会给他几次机会?你会在他跌倒 10 次之后,让他改坐轮椅吗?还是只给他 20 次学走的机会,若学不会走路就要他放弃?或者当你身边有 50 个人叫嚣着劝你放弃,你就决定让他坐轮椅呢?我想你的答案是:不会。的确,当我问每一位父母,会给你的孩子几次机会呢?他们都说:我会给他无数次机会,直到他站起来,学会走路为止!是的,一直坚持到底者,最终都会站起来。为什么许多父母只给孩子一次联考的机会?为什么常用失望的口气告诉孩子不适合某种行业,要求他转行呢?

而许多人竟也因为没有坚定的信念,一遇挫折就认为自己能力不足,因此放弃了他们的理想。其实,凡事没有失败,只有暂时停止成功。

3. 成功信念之三:上帝的延迟并不是上帝的拒绝

有一个人,他在:

21 岁时,做生意失败

22 岁时,角逐州议员落选

24 岁时,做生意再度失败

26 岁时,爱侣去世

27 岁时,一度精神崩溃

34 岁时,角逐联邦众议员落选

36 岁时,角逐联邦众议员再度落选

45 岁时,角逐联邦参议员落选

47 岁时,提名副总统落选

49 岁时,角逐联邦参议员再度落选

52 岁时,当选美国第十六任总统

这个人就是林肯，因为他坚信上帝的延迟，并不是上帝拒绝，因此能屡仆屡起，最终成就不凡。

第三节　大学生健全人格的塑造

青年期是人格走向成熟、由量变到质变的重要时期。在大学生活中，随着身心的发展和成熟，以及对社会角色的逐渐适应，人际交往范围的逐渐扩大，对社会了解的日益深入并适应激烈的学习竞争，大学生的人格发展具有自己的特点。

① 对现实社会有良好的适应，能较好地处理社会、他人和自我的关系；

② 在处理人际关系时会首先考虑社会和他人，但也绝不是一味地追求社会的赞许，而是表现出敢于面对现实、尊重现实的特点；

③ 支配与冲突表现不突出，具有稳健、从众的人格特点，具有良好的社会化程度；

④ 不同学科大学生的人格特征以及性别差异具有相对的独特性。

人本主义心理学大师罗杰斯曾说，好的人生，是一个方向，而不是状态；是一个过程，而不是终点。所以，我们每个人都走在不断完善自我、健全人格的路上。

大学生健康人格的塑造原则和方法如下：

1. 正确认识自己、悦纳自己

大学生应该有意识地从他人的反馈、各种实践活动和自我反思中学会自我分析与评价，客观全面地认识自我、悦纳自我，发现自身的优势与不足，确认自我价值，保持较高的自尊水平，不断发扬优点，改掉缺点。

2. 积累经验，确定方向

英国著名的思想家培根曾说知识就是力量，他认为读史使人明智，读诗使人灵秀，数学使人周密，科学使人深刻，伦理学使人庄重，逻辑修辞学使人善辩；凡有所学，皆成性格。无疑，一个人的知识经验与社会阅历越丰富，其人格的优化就有了更多、更深、更广的精神基础。

3. 积极锻炼，从小事做起

古希腊哲学家亚里士多德说，人的行为总是一再重复，卓越不是单一的举动，而是习惯。老子曾说："千里之行，始于足下。"行为心理学的研究发现，3

岁以上的行为重复会形成习惯,3个月以上的行为重复就会形成稳定的习惯。大学生要善用积极的自我暗示,从小事做起,逐渐养成良好的习惯。

4. 管理情绪,保持乐观

健康情绪是心理健康的标准之一,也是健全人格的基础和要求。在平时的学习和生活中,大学生需要了解自己的情绪,学会运用各种方法对焦虑、抑郁等消极情绪进行有效的自我调节。美国著名的心理治疗家艾利斯(Albert Ellis)指出,人们的情绪问题并不是由具体事件造成的,而是人们对事件的认知。英国作家萨克雷也说,生活好比一面镜子,你对它笑,它也对你笑;你对它哭,它也对你哭。学会理性地对事对人对己,并对未来生活保持乐观的心境。

5. 健全人格,张弛有度

追求人格成熟与健全是一个人一生要走的路,应该有张有弛地进行塑造,积极投身于学习和生活之中,通过各种实践活动,循序渐进。做到:活泼而不轻狂,认真而不刻板,坚定而不执拗,勇敢而不莽撞,豪爽而不粗鲁,好强而不逞强,机警而不多疑,老练而不世故,自信而不自负,自珍而不自骄,自谦而不自卑,自爱而不孤芳自赏。

课后小资料

《黄金时代》视后感

只要是近期看过热映影片《黄金时代》的人,大多都会被萧红这一知名民国女作家短暂而灿烂的一生所震撼。而电影之所以最终命名《黄金时代》,正是源自萧红写给初恋萧军信中的一句话"这不正是我的黄金时代吗?"短短一言却折射出了1930年那个民气开放、自我意识觉醒、百舸争流的年代,那是萧红这样的知识分子的黄金时代,也是追求自我的女性的黄金时代。

然而,在这样一个时代里,萧红这样一个民国女子,却经历了逃婚、生子后被弃、颠沛流离等种种不幸。她的一生如同动荡尘埃、从未停歇,直到最终客死异乡。她美丽激烈的文字、她的感情生活和她坎坷的命运,本身就比这部电影还要精彩跌宕。

现代著名作家王安忆曾说,有故事有才华的女人很多,萧红之所以能被历史记住,是因为她把自己的热情转化为更巨大的东西,去影响其他人。的确,相比于同一时代张爱玲的冷峻淡然和冷眼旁观,北国冰雪中长大的萧红活得更炙热投入,不惜燃烧自我、心怀天下。而影片表面诉说的是萧红的宿命,深层探讨的却是千千万女性的人生命题。

《黄金时代》的导演许鞍华女士也说，这部电影包含了她全部的艺术观、人生观和世界观。导演年近古稀，仍然孑然一身，像萧红一样，她本身就是个特立独行的女人。她不美貌、不温柔，却能拍出最细腻的女性感情。《女人四十》《姨妈的后现代生活》《桃姐》，她拍出了太多平凡女性的不平凡，而这些银幕女性形象背后的共同点就是对自我的忠诚。

那么，《黄金时代》这样一部电影对于观众，尤其当下女性的意义是什么？电影里的萧红、电影外的许鞍华和汤唯，她们都是女性形象至高无上的代言人，她们给我们传达的信息或许就是：社会在进步，女性更要进步，更要追求自我、追求自己的生活。

时光流转，八十年后的今天，我们生活的氛围真正地开放了，机遇更多元化，但要做到忠于自我，仍然需要很大勇气，追求自我的道路仍然有很多障碍，大部分女性还是会选择顺从，会选一条好走一点的路。许鞍华是真正懂女性的，不仅如此，她还懂这个社会，懂这个社会对于女性的压迫。男权文化在传统社会里（包括在当今社会里）无所不在，开头提到的萧红一生漂泊命运、流离失所，生活大部分也几乎是在几个男人的依附下进行的，而她最引以为傲的作品和文字却被这几个男人嘲笑和不屑。

但为什么又要强调这是一部从女性出发的作品呢？笔者并不热衷任何所谓的"女权运动"，但必须承认，男女在社会里女性不仅受到生活的压力，她还受到男性的压力。这于女性本身是艰难的，然而更加艰难的是，女性的这种压力无处释放、无理由释放。

有的人会觉得女权主义特别激进，就是让大家都去做女强人，但是其实女权只是告诉女人另外一种可能性：女性应该自主，甚至完全可以掌握自己的人生，通过努力你可以当诺奖得主、总理。你是可能的，在你认识到这种可能性之后，如果你觉得当主妇很好，大家当然也会尊重你。

因此，或者可以这样说，这一时代面临的真正问题是：当女性看到了这人生很多的可能性，她的这种独立意识是否真的觉醒？不过，处于较低层级女性的不自觉的自我抑制，和已经突破天花板、到达高位的女性的主动放弃，显然有所不同。这也是为什么当前世界各地的女性权益倡导组织，都在更多地将目光投向更年轻的、甚至是高中生阶段的女性，希望能尽早拓展她们的眼界，开启她们的自我认知。

而在商界，包括欧盟在内的许多国家开始尝试通过立法，规定女性占企业董事会席位的下限。虽然这类政策被很多人批评为形式主义和拔苗助长,但其背后的一个隐藏逻辑是:在经历最初的强制规定后,随着越来越多的女性走上更高层岗位,她们能为年轻女性树立起更多标杆,能改变男性主导的职场文化,渐渐使得女性进入高层成为一个自然自发的过程。

但是,却又有不少专家提出疑问,女性这一表面实现的独立和自由是否真的实至名归?这个社会打着"性别差异"的旗号,所产生的对女性的尊重,是不是一种更为深刻的性别不平等?女性艺术评论家廖雯便认为,中国的妇女解放运动是功利主义的,它作为革命的诉求非常明确,但女人的诉求基本没有,"所以半个世纪的妇女解放运动并没有真正解放妇女的观念,你可以出门劳动,做和男人一样的工作,但社会观念没有改变,情况只是从一个小家里一个女人附属于一个男人,变成整个社会一群女人附属于另外一群男人"。

总而言之,女性境遇是一个开放而复杂的问题,结论也许无法获得,但是女性自由与平等的权利在任何时代都亟待被宣扬和领会,而《黄金时代》这样女性题材的电影正是对这一精神的阐释,也是对当代女性自我意识的一种提醒和肯定。毋庸置疑的是,随着时代转换,女性社会角色和自我意识的变迁,女性正越来越成为社会中坚力量的一部分,女性对自身潜力的认识和社会对女性的接纳,都已今非昔比。女性应该有这样的自信,这是一个男女平等的年代,不存在性别歧视,在这个年代,只要敢想敢做,女性不会比男性差,像萧红一样,做一个生活的追求者和反抗者,或许要跨越多重障碍,但是到达精神或者物质"高处"后看到的风景,也必将会格外精彩!

第四章 大学生学习心理

案例导入

我今年已经大三了，一直优秀的我一向对自己要求很高，当然这也与家庭的期望有关，父母都是具有高级职称的知识分子，在他们的言传身教下，我从小就知道努力与奋斗。在大学，我进行了认真细致的生涯设计，一步一个脚印向前走，成绩要拔尖，英语在二年级时通过国家六级和托福考试，为将来出国留学做好准备；三年级入党，使自己的政治生命有所皈依；与此同时锻炼自己在各方面的能力。于是，在大学我像一只陀螺飞速运转着，珍惜大学的分分秒秒，因为我相信：付出总有回报。我却发现离自己的目标越来越远，我忽然怀疑起自己的学习能力，我感到自己在学习上的优势在失落，甚至多年积累的自信也受到挑战。对未来，我忽然担心起来，我该如何办？

学习活动是大学生的主体活动。正是在学习活动过程中并通过这个活动才能达到培养专业人才这一教育的基本目的。学习活动极为强烈地影响大学生心理过程和心理特点的发展，影响着他们对职业所要求的重要的知识、技能和能力的获得。因此，了解大学生的学习心理，加强对他们的心理卫生的宣传和教育，提高他们的心理健康水平，已成为学校教育的重要组成部分。

第一节 大学生学习的特点

一、学习的心理基础

很多心理学家明确指出:人类的智能就是人类认识世界、改造世界(包括自己在内)的才智和本领。实践活动充分地表现了人类所特有的才智和本领,包括"智"和"能"两种成分。智,主要是指人对事物的认识能力;能,则主要是指人的行动能力(包括正确的技能、习惯)。人类的"智"和"能"是结合在一起而不可分离的。并且认为:智与能的活动一刻也离不开自己的意向的主导。意向是人对待客观事物的一种心理活动。注意、意图、情绪、意志、思想等,都是人的意向活动形式。人类智能的主要特点是思想,思想的核心又是思维。人类的智能的主要特征是有理性思维和具有目的性的行动。人类的劳动、学习和语言交往等活动,都是"智"和"能"的统一,是人类独有的智能活动。有这种观点的心理学家认为:学习活动有一套完整的、系统的心理结构,主要由能力和非认知因素组成,这也就是学习的心理基础。

1. 智力

人的智力即一般能力,是在不同种类的活动中表现出来的能力,是人脑的各种认识组成的、稳固的、综合的反映。它最基本的认识力主要是观察力、记忆力、思维力、想象力等,其中思维是核心。各种认识力形成合理的、完善的、稳固综合的反映方式叫心智技能。

2. 特殊能力

人的特殊能力是受人的智力支配的、改造事物的各种操作动作组成的、稳固的实际行动能力,是在某种专业活动中表现出来的能力,它是顺利完成某种专业活动的心理条件。如音乐家区别曲调的能力,画家的形象记忆力,都属于特殊能力。

3. 非认知因素

非认知因素可以有广义和狭义之分。从广义来看,非认知因素包括学习动机、兴趣、情绪、态度、性格等因素。这些心理因素都对智力活动起着一定的促进或阻碍作用。狭义的非认知因素是指对智力活动所起的作用更为直接、更为突出和更为明显的心理因素,如独立性、意志坚韧性、好奇心、勤奋、勇敢等非认知因素。

在学习活动中,学习的成败,即学习的效果和成就,个人的智力因素起着重要的作用,而非认知因素也起着重要作用,良好的非认知因素与智力因素密切配合,是学习成功的必要条件。相反,不良的非认知心理因素,例如焦虑、恐惧、意志力薄弱、自卑感等严重影响学习的效果,或者说是学习失败的重要因素。许多研究表明,非认知因素是决定学习成败的关键因素。

二、大学生学习活动的特点

大学生的学习活动,具有自身的特点,这些特点与中学生的学习相比,有着明显的不同。

1. 学习内容的专业性

大学生专业阶段的学习是专业性学习。学校的课程设置是围绕培养目标和专业特点进行安排的。每个学生进入大学校园之前,就要根据自己的兴趣、爱好、特长选择不同专业的学习方向。步入大学后,就要在专业定向的基础上学习基础课程和专业课程,把自己培养成为未来社会需要的专门人才。因此,大学是培养高级的专门人才,学生在此阶段的学习是专业定向基础上的学习。

2. 学习过程的自主性

学习的自主性主要表现在自觉性和能动性两个方面。大学生的学习虽然也有老师讲授,但是在老师授课之后的理解、消化、巩固等环节主要靠学生独立地去完成,这就需要有较强的自觉性。此外,大学生自由支配的时间较多,这就需要学生充分发挥主观能动性,统筹规划,合理安排自己的学习内容,选择适宜的学习方式,以便在有限的时间内获得较高的学习效益。否则就会不得要领忙乱不堪,或是浪费时间收效甚微。

3. 学习途径的多样性

大学生的学习不像中学生那样单一、机械地从课堂教学中获得知识。除了课堂学习外,他们为完成实验课作业和课程设计的任务,需要到图书馆、资料查阅室、收集大量资料;为了解学科前沿,需要旁听各种学术报告和专题讲座;为学有所用,需要走出校门,进行社会调查。通过各种途径,获得大量信息,汲取文明成果,从而扩大自己的知识范围。

4. 学习活动的探索性

探索性是指大学生在学习过程中对书本结论之外新观点的寻求和钻研。爱因斯坦曾强调教育必须重视培养学生会思考、探索问题的本领。这就要求学生不但要掌握所学的知识,而且要掌握知识的形成过程,了解学科和专业发展状况、存在的问题以及解决这些问题的可能性,掌握学科的研究方法和培养独立思考、探索创新的精神。而死记硬背、墨守成规、缺乏灵活性与创造性的大学生将会感到压抑和不适应。

上述这些特点既有区别又相互联系,说明大学生的学习活动是复杂的、紧张的,需要很大的心智能量和良好的心理素质、多方面的能力和健康的身体来做保证。

三、学习活动对心理健康的影响

就学习活动本身而言,学习是人与环境保持平衡、维持生存和发展所必须的条件,也是适应环境的手段。学习能促进人的全面发展以适应社会的需要。因此,学习对心理健康是有益的。然而,对学什么、学多少、怎样学等与学习有关的问题如何把握、如何选择和规划却对心理健康带来不同性质、不同程度的影响。这些影响大体上可分两类:积极的影响和消极的影响。

1. 学习对心理健康的积极影响

通过学习活动可以发展智力,开发潜能。每个人都有与生俱来的潜能,但是这些潜能只有通过学习才能得以表现并进一步得到开发。并且,一个人的智力也是在学习过程中不断发展的。心理卫生学认为,一定的智力水平是心理健康的基础,而潜能的开发状况则与心理健康状况直接相关。

学习能带来心理上的满足,使人体验愉快的情绪。心理卫生专家认为,献身于某些引人入胜的工作,是实现心理健康的基本条件。如奥尔波特倡导实现"成熟个性"就应"专注工作""全身心地投入某种工作";马斯洛提出"自我实现者"要求"以自身以外的问题为中心""与一般水平的心理健康者相比,他们的工作更刻苦";弗兰克尔提出的"自我超越者"是"献身于事业的"。乐于工作的人常常能从工作中找到乐趣,每完成一项任务,取得一项成绩,就会感到自己的价值和尊严,就会有一种自我效能感,就会有一份喜悦和满足。而在遇到不如意的事情时,若能埋头于工作,就可以实现"注意转移",使自己忘掉烦恼,从工作成绩中得到安慰。大学生的"工作"就是学习。因此努力学习,善于学习,有助于人的发展与心理健康。

2. 不良的学习状况对心理健康的消极影响

学习是一项艰苦的脑力劳动,在学习活动中,需要消耗大量的生理、心理能量。如果学习方式不当,就会事倍功半,影响学习积极性;如果学习内容过多、负荷过重，就会由于压力过大而引起身心不适；如果搞"疲劳战术"，不注意劳逸结合，则会损害身心健康；如果学习环境嘈杂、肮脏，则会使人心烦意乱、效率甚低等。这些伴随学习活动而带来的种种不利因素都会直接地影响学生的心理健康。

四、心理健康状况对学习的影响

一般而言，心理健康的学生成绩优于心理不健康者。对于具备一定智力基础的大学生来说，非智力因素比智力因素对学习更具有影响力。非智力因素指的是不直接参与认识活动，即不具有加工、处理信息的功能，而是个体内部的动力系统，它影响人们认识和行为的方式及积极性。这个系统包括需要、动机、情感、兴趣、意志、性格、价值观等因素，它实现着对人的认识活动和行为的驱动、定向、引导、持续、调节和强化等功能。

学习活动是智力和非智力因素共同参与的过程。在学习过程中，非智力因素能够转化为学习动机，成为推动人们进行学习的内在动力。学生选择什么学科作为自己的主攻方面、探索哪一方面的课题，这都和学生的需要、兴趣、情绪、态度、意志、个性特点等心理因素直接有关系。但是学习活动毕竟是艰苦的脑力劳动，长时间的学习也会产生疲倦、松懈、枯燥乏味等情绪，如果不消除这些不良的心理状态，就不可能推动智力活动的继续深入，这时就需要有顽强的意志、强烈的求知欲、热情、勤奋进取的因素介入。总之，良好的心理健康的状况，即正常的智力、健康的情绪、坚强的意志、良好的个性、正确的自我意识、和谐的人际关系、较强的适应能力等，对大学生的学习有很大的促进作用；反之，如果心理健康状况不佳，甚至有心理疾患，则会不同程度地妨碍学生的学习，抑制学生潜能的开发，甚至使某些学生中断学业。

第二节　大学生常见的学习心理问题与调适

在大学里，大多数学生能经受得住紧张的学习对自己各方面素质的综合考验，顺利地完成学业。但是也必须看到确有相当数量的学生存在着时间或长或短、程度或重或轻的学习困难。导致学习困难的原因是多种多样的，但是分析的结果表明，心理障碍是主要的原因。常见的心理障碍有：缺乏学习动力、学习动机过强、严重的学习焦虑、学习疲劳等。

一、常见的学习心理问题

1. 缺乏学习动力

学习目的不明确，对为什么学习、为什么读书认识不清。没有确立起学习目标、人生理想，没有把自己的学习和社会的发展以及国家、民族的振兴联系在一起，所以缺乏奋发向上努力学习的原动力。再者对所学的专业不感兴趣。所学专业有的是家长的意志，有的是老师的"误导"，也有的是填报志愿时临时作了变动。由于所学专业非本人所愿，因而对学习缺乏应有的兴趣。反映在平时学习不认真，缺乏主动性和积极性，甚至不愿意学习，贪图安逸；学习上缺乏自尊心、自信心，学习不好也不觉得丢面子；考试不及格也不在乎；无成就感、无抱负和期望，无求知上进的愿望；对学习基本上采取一种放任的态度，常把主要精力放在与学习无关的活动上。

2. 注意力分散

青年人由于好奇、好动、好玩等特点，易造成注意力不集中。有些学生上课时不能很好排除各种内外因素的干扰，听课不专心，不能集中精神思考问题，因而听课效果差；课后也难以集中时间复习巩固所学的知识，对作业常常是应付了事，对学习以外的事物反而兴致勃勃，常常主次颠倒、喧宾夺主。

3. 记忆障碍

记忆障碍是指人们在识记、保持、回忆或再现过程中发生的困难或异常。一般表现为识记能力差，记忆能力减退，保持的时间短，遗忘的速度、范围、程度超过正常人，再现和回忆时发生错误、紊乱和歪曲，反应迟钝，集中力差，头脑常发"木"等。

4. 学习焦虑

学习焦虑是指学生由于不能达到预期目标或不能克服学习障碍的威胁，致使自尊心、自信心受挫，或失败感、内疚感增加而形成的一种紧张不安、带有恐惧的情绪状态。有些学生在家长、亲友、老师等方面因素的影响下，为自己确定了过高的学习目标或抱负，虽竭尽努力仍和目标相差甚远，造成心理压力很大，这时就会出现严重的学习焦虑。

5. 学习疲劳

学习疲劳是因长时间持续进行学习，在生理、心理方面产生的劳累使学习效率下降，甚至头晕目眩不能继续学习的状态。学习疲劳可分为生理的和心理的两种。生理疲劳主要是肌肉受力过久或持续重复伸缩造成肌肉痉挛、麻木、眼球发疼发胀、腰酸背疼、动作不准确、打瞌睡等。常见的是心理疲劳,这是由于长时间从事心智活动,大脑皮层兴奋区域的代谢逐步提高,消耗过程超过恢复过程,脑细胞会处于抑制状态而使大脑得不到休息所引起的。疲劳的症状是感觉器官活动机能降低,注意力涣散,思维迟钝,情绪躁动、忧郁、厌烦、易怒,学习效率下降。

二、学习心理问题的调适

1. 强化学习动机

学习动机是学生学习活动的主观意图,是推动学生进行学习的内在力量。前苏联心理学家列昂捷夫说:"学生学习的自觉性是和动机分不开的,事实上,有正确学习动机的学生才有主动性,学习劲头大,能克服困难,提高学习效率。"学习动机虽不是提高学习效果的唯一心理因素,但却是极其重要的因素。有的心理学家提出,学习动机正确还是不正确,要以时代的道德标准来判断。一切从自私的、利己的目的出发的学习动机,是不正确的;一切从集体、社会、国家利益出发的学习动机,是正确的。在与社会需要相适应的动机的促使下,学生就会产生学习的自觉性,激发起强烈的求知欲、稳定的兴趣和高度的社会责任感,因而能专心致志,勤奋学习,刻苦钻研。相反,如果学习动机是出于想找一份轻松而又高工资的工作,那么他在顺利的情况下很可能会勤奋学习,但在逆境中就容易情绪低落、意志消沉、半途而废。动机不正确的学生,对待学习往往是偷工减料、投机取巧、弄虚作假、抄袭他人作业、考试作弊等。因此,学校有关部门和老师应启发学生对社会需要、社会期望的正确认识,并创造条件以利于学生自我定向、自我定位,这样才能激发学生正确的学习动机。

2. 培养学习兴趣

兴趣是指积极探究某种事物或从事某种活动的过程中,伴随着一定有情感体验的心理倾向。兴趣是引起和维持注意的一个重要内部因素,是学习过程中一种积极的心理倾向。大学生要想在学习中发挥积极性和创造性,就要对自己所学的知识产生浓厚的兴趣,才会心神向往,保持积极的学习态度。

学习兴趣,是可以在学习过程中逐步培养的。学习是学生深入而创造性地领会和掌握科学技术,为未来从事某项事业的必要条件,也是智能开发的主要前提。爱因斯坦曾经说过:"我认为对一切来说,只有兴趣和爱好是最好的老师,它远远超过责任感。"可以通过多种方式,如通过具体事例、从克服困难中唤起好奇心等,改变由于"没兴趣"而导致的学习动力缺乏和注意力分散。

3. 端正学习态度

学习态度是指学生对学习的较为持久的肯定或否定的内在反应倾向,通常可以从学生对待学习的注意状况、情绪倾向与意志状态等方面来加以判定和说明。学习态度受学习动机的制约,是影响学习效果的一个重要因素。端正学习态度根本的是要有正确的学习目标。

高尔基曾说过:"一个人追求的目标越高,他的才能发展得越快,对社会就越有益。"在我们确立奋斗目标时,不妨看得高远一点,从而全力以赴,这样的学习才能显示出强有力的动力。

4. 营造良好的学习氛围

要努力创造一个班级、宿舍同学间关系和谐的集体和轻松愉快的学习气氛。师生之间情感的交流,同学之间互助友爱的关系,都有助于学生心理趋于平衡,形成正常的焦虑。同时,家长不应望子成龙、望女成凤心切,老师无须要铁成钢过急,要帮助学生学会正确认识和评价自己,并根据自己的实际情况,确立适合自身的学习目标。要鼓励学生增强自信和毅力,不怕困难和失败,保持适度的自尊心,降低对胜败的敏感度。

5. 讲究科学用脑

大量的研究表明,人的大脑越用越灵,不用则萎缩衰退。但用脑必须讲究科学。那么,该怎样科学用脑?

(1) 善于利用最佳时间

大脑的工作效率是有时间差异的。生理学家的研究表明:一般的大脑每天有四个记忆高潮。第一个高潮是早晨起床后,这时大脑没有记忆干扰,认记印象清晰;第二个高潮是上午 8:00~10:00 时,这时人的精力旺盛,认记效率高;第三个高潮是下午 18:00~20:00 时,此时是一天中记忆的最佳期;第四个高潮是临睡前的 1 小时。另外,科学家还发现,上午 8:00 时左右,大脑具有严谨、周密思考的能力,下午 14:00 时思维的速度最敏捷,但逻辑推理能力减弱。每个人生理因素和生活实践不同,最佳学习、工作时间也存在着差异。日本中川八郎教授发现,如果人的体温在午后两点以前就达到一天当中的最高点,那么他早晨时间记忆力最好。如果人的体温在午后两点以后才达到最高点,那么这个人晚上学习效果最好。大学生要善于根据自己的最佳学习时间,安排好学习科目和内容,从而提高大脑的工作效率。

(2) 集中注意力,避免分心

著名的生理学家巴甫洛夫认为:人们在聚精会神从事某种活动的时候,大脑皮层下会出现一个兴奋中心,其余的邻近部分都处在抑制状态。因此留下的痕迹就深刻。相反,如果在看书学习的同时还想着其他事情,那么在大脑皮层上就会同时出现两个兴奋中心,一个看书,一个管其他事,两者之间由于目的的不同,便会相互干扰和影响,结果大脑皮层上留下的痕迹就较浅,学习效率就低。因此,学生一定要养成做好一件事再做另一件事的习惯,切莫在同一时间里既想干这又想干那,结果精力分散,什么都干不好。

(3)动用多种感觉同时参与学习

根据巴甫洛夫的条件反射学说,如果人们学习时只用眼看,就只能使视觉刺激引起的兴奋从视觉传入大脑,在视皮层引起兴奋中心;如果开口念,那么由于声音引起的听觉兴奋便会由听觉道路传入大脑,就会在听皮层引起另一个兴奋中心。假如每次学习时都能做到眼到、口到、耳到,则若干皮层兴奋中心间就会渐渐拓道联系,形成暂时性的神经道路。以后一听到有关学习内容声音,就会想起所看到过的材料,大脑的工作效率也就自然地得以提高。因此,大学生要提高大脑工作效率,学习时应做到:心到、口到、眼到、手到、耳到。

(4)不断更换性质不同的学习内容

心理学家的研究表明:人脑是有严格分工的,各个部分的皮层都各司其职。如大脑左半球的抽象思维、数学计算等能力较强。右半球对图形、音乐、空间的感知能力较强。人在学习一种知识时,一部分脑细胞在工作,其余的细胞处于休息状态。由此可见,我们在学习时,要注意文、理、体、音、美等课程穿插安排,形象思维和抽象思维、脑力与体力活动交替进行。这样既防止脑细胞的过度疲劳,又可调动整个大脑的积极性,提高其运转效率。

(5)注意劳逸结合

大脑处于疲劳时,生理上表现为感觉迟钝,动作不协调、不准确,肌肉痉挛、麻木等;心理上表现为注意力不集中,思维迟缓,反应速度降低等。因此,紧张学习一段时间后,应适当休息。一天学习之后,应保证有进行文体活动的时间,只有这样,才可以使身心得到放松和调节,利于消除疲劳。保证充足的睡眠时间,可以使大脑清醒,精神振奋,疲劳消除。

三、考试焦虑及化解

考试是学习过程的组成部分,它既是对学习效果的一种检验,同时也是对学生心理能力的一种考验。有些同学一想到考试往往出现心跳加速、呼吸急促、出虚汗、坐立不安等现象,因为焦虑的过度而不能充分发挥水平,造成屡试屡败,对考试失去信心。

究其焦虑的原因:一是心理负担过重,由于学习动机过强,总期望自己处于领先的地位,害怕失败和落后;另一种是考试准备不足,平时不认真学习,考试靠突击,没有真正掌握知识。

那么如何克服焦虑症状呢?

第一,学会放松。每天练习放松。具体包括:树立要求放松的意愿,选择一个安静的场所,使自己感觉舒适,用想象的景象来集中注意力,自己提出符合实际的积极意念,缓慢领悟松弛感,每日坚持,就会掌握放松技能。掌握了它就可以随时用来解除紧张,在考试中避免不良心绪的干扰。

第二,运用系统脱敏方法克服考试前的心理紧张。系统脱敏的方法是根据经典性条件反射原理发展的一种行为疗法,特别用于害怕某种客体式情境的恐怖和焦虑状态。如使人以轻松愉快的情绪想象自己接近或逐步接近引起焦虑的情境,直至真正面临此情境以后不再害怕。操作步骤如下:首先设计一套考试焦虑程度想象情境的分级序列卡片,想一下过去经历考试的情境,开始感到紧张是什么时候,地点在哪里,按照不同时间、地点,触发考试焦虑情绪的不同程度,分别用小卡片把当时的情境描述记录下来。每次情境记在一张卡片上,并按紧张程度的深浅,依次排列序号,放在手边,然后,使自己进入放松状态,当全身处于舒服的松弛状态时,就开始读第一张卡片(紧张程度最低的情境描述)。当身临其境地进入了卡片所描述的情境之中,而又能达到完全放松状态时,就往下读第二张卡片,如此依次进行,直到读到那种使人产生最高紧张程度的情境时,仍能保持完全的松弛状态为止。运用脱敏法,肯定能减轻对考试的紧张的反应,当然这是在充分复习准备的基础之上的。

第三,化解在考试中的紧张焦虑情绪。考场中焦虑常使学生发挥失常,因此必须在考场中学会快速放松,在答卷过程中,做几次间隙、短暂的休息,闭上眼睛,放松身体和思想,伸展四肢,并变换身体的位置,做几次缓慢的深呼吸并在呼气时说"放松"。

第三节　大学生学习能力和学习方法的培养

一、大学生学习能力的培养

1. 什么是能力

纵观大学生学习，核心即是智能的提高和培养。有关智能的解释有很多种，但无论是何种说法，都离不开知识、智力、能力这三个要素。我们认为能力可以分成智力技能系统，包括记忆力、想象力、观察力、创造力、思维力等；操作技能系统，包括演讲技能、绘画技能、演唱弹奏技能、运动技能、书写技能等。所以，能力就是受人的智力支配的，利用知识和经验，完成某种活动所必需的并直接影响活动效率的实际本领。

能力可分为一般能力和特殊能力。一般能力指人们认识事物、解决问题应具备的基本能力，例如学生的记忆能力、观察能力、思维能力、想象能力等。一般能力经过培养后在特殊的领域里得到充分的发展也可转化为特殊能力。例如写作能力、绘画能力、演唱弹奏能力等。两者之间是相互依存、相互促进的辩证关系，一般能力的发展为特殊能力的发展提供了前提基础，特殊能力的发展也促进了一般能力的发展。

2. 制约能力培养的因素

（1）个人的先天素质

心理学把人的机体、生理和心理的总和，特别是大脑的结构和机能的特点称为先天素质，包括遗传素质和胎儿胚胎期或成熟后受的所有影响。先天素质与生俱来，具有相对的稳定性。不同的基因决定了不同的遗传特征。一方面先天素质为能力的培养和发展提供了前提，但对能力的形成和发展具有一定的制约因素。如先天色盲不能分辨色彩不能成为画家，身体矮小当不了篮球运动员，哑巴不能成为歌唱家等。但是人的先天素质只能制约能力的培养和发展，而不是绝对地决定能力的发展。比如，先天色盲不能画画，就发展别的才能，后天的努力奋斗可以弥补先天素质的不足；相反，先天素质好的同学靠吃老本，不去奋斗，能力同样也不会得到培养和发展。

（2）后天习得素质

所谓后天习得素质即在先天素质的基础上通过学习而获得的各种素质的

总称。后天习得素质是主体接受教育和参加社会实践活动的必然结果,因此抓好这项工作对能力的培养和发展具有重要的作用。教育是一种有目的、有计划、有组织的自觉的活动,由教育者依照一定的方法、目的来对受教育者进行系统的影响。如果没有教育和教学,一个人的智力和能力是难以提高和发展的。可见教师在讲授相关理论时,根据学生特点、实际情况,采取相应的教育、教学手段,发挥主导作用,促进学生智力和能力的提高是非常重要的。此外还不能忽视社会实践,想学会游泳,就必须下到水中去学,不下水永远也学不会。人的观察能力、记忆能力、思维能力、演讲能力等能力都是在反复实践中提高和发展起来的。成功离不开实践,同样,战胜失败、克服困难的能力也是在生活实践中锻炼出来的。

(3)学生的个性品质(即非认知因素)

能力的培养发展离不开学生个人的个性品质,比如勤奋与否,能否吃苦,能力的培养发展缺少这一项则无从谈起。许多人的经历证明,天才就是勤奋,天才就是汗水。总之,先天素质是前提、可能性,后天习得素质是主导,个性品质是关键。

3. 不可忽视的能力培养

(1)自学能力

进行自学是学习的一个重要步骤,具备自学能力的学生可以学到更多的知识和技能,就我国教育发展的实际情况来看,培养大学生的自学能力,有着重要的现实意义,特别是在强调素质教育的今天。如何培养自学能力呢?

第一,要对自己有信心,有些学生认为自学成才的是天才,而自己不是也根本做不到,其实这是一种误解。实际上,只要不是智力不正常,一般的大学生都具有自学的能力,自学能力强的容易成才,自学能力弱的,成才的困难就大些,但也并非成不了才。因此要克服自卑心理,树立信心,面对一切。

第二,要有正确的学习动机和稳定的情绪。学习的动机问题很重要,动机不正确,激励不了自己去面对困难,往往会打退堂鼓,阻碍自身发挥潜能。面对挫折、困难,良好的情绪也很重要,培养稳定而愉快的情绪是大学生培养自学能力所必具备的,不患得患失,胜不骄,败不馁。

第三,学会独立思考,这是培养自学能力的关键所在,不但要学会找到问题、分析问题,还要能解决问题。遇到问题,要勤思、深思,必要时请教别人,思考得越多,收获也就会越多。

第四,找到适合自己的自学方法,比如快速读书方法,做笔记的方法,写学习体会的方法,与人交流共同讨论的方法等。

(2)记忆能力

记忆能力非常重要,是人类的最基本能力之一。没有记忆就不能积累和保存知识,也难以使认识更加深入和全面,不能从事学习和工作。记忆能力就是指人们把收集到的事物信息和资料储存和再现的能力。记忆的过程可以分为识记、保持、再认和再现几个方面,相互联系,缺一不可。记忆能力可以通过后天的学习和训练得到培养和提高。可以按以下几个步骤来培养记忆力:

第一,态度端正和积极思维,对自己的记忆力抱有信心。只有这样才能充分调动脑细胞,再难的知识也能记得住、记得久,这点很重要。

第二,科学用脑,注意张弛有度。科学研究表明人的大脑分为左、右两半脑,在功能上有不同的分工。左半脑主要是管语言、数字、逻辑、运算和加工的系统;右半脑与知觉和空间有关,是音乐、美术、空间的知觉辨认系统。一般情况下,两个半脑各司其职,既分工又合作,彼此相互补充,兴奋、抑制是其工作和休息的表现。因此,如果不注意科学用脑,感兴趣的就抓住不放,而不感兴趣就碰也不碰,长此以往,让大脑长期处于兴奋状态或抑制状态,记忆效率肯定会降低,最终导致记忆力的消退。

第三,多方面刺激大脑接受外在的信息。在学习时充分调动身体的各个感官来刺激大脑,把看、读、听、写等结合起来效果会比单一的看、听、写好得多。

第四,在忘掉之前及时地重复。遗忘和记忆是相对立的,属于正常的心理现象。原苏联心理学家沙尔达科夫和德国的心理学家艾宾浩斯等的研究表明:遗忘会先快后慢,先多后少,到一定的时间,几乎不会遗忘了。因此为防止遗忘,增强记忆力,就必须重复记忆,及时重复。

此外还应该克服怯场心理,情绪勿过分焦虑或抑制,运用记忆技巧、口诀歌谣、形象记忆等方法。

. (3)观察能力

观察是人们认识一切事物的起点,是一种有目的、有准备、有组织的知觉,观察能力是指人们发现和认识事物本质特征的能力,观察能力是获得成功、捕捉机遇的前提条件,也是影响人成功与否的重要智力条件。这种能力不是先天的,可以通过后天的努力来培养、提高。

第一,对从事的专业具有浓厚的兴趣,兴趣是最好的老师,也是观察的前提,不感兴趣,也不会去进行观察的,更谈不上进行培养观察能力。

第二，观察的同时要勤于思考，不进行思考就不会提高观察水平，因此只有多思考，多问为什么，这样观察能力就能提高。

第三，还要学会细致观察、反复观察的习惯和方法，才能便捷地找到事物的本质特征，才能捕捉到稍纵即逝的机遇、灵感。

（4）创新能力

创新是民族进步、国家富强的源泉和动力，也是知识经济时代的重要特征，全球化的时代，最有价值的不是获取现有的资源、资本，而是创新。所谓的创新能力是指创造出前人未曾有过的事物、成果，未曾做过的事业的能力。培养创新能力，可以从以下几方面做起。

第一，要有强烈的主体意识。主体意识是大学生学习、成才的活动过程中必不可少的思想意识。面对新事物要独立思考，富有批判精神，不迷信权威，敢于怀疑。人云亦云、随波逐流的人是不具备创新能力的人。

第二，做事情要精力专注，思维活跃，逻辑严密，富有想象力。在广博的基础上，精深一门，只有如此才能使自己的思想进入较深的领域，浅尝辄止会导致一事无成。思维不活跃、逻辑不严密、想象力不丰富就不能打破僵化、麻木的思维定势，很难使人思想境界得到提升，也就做不到创新了。

第三，知识结构要合理、科学，视野开阔，博览群书，融贯百家。创新需要广博的知识，一方面，知识越丰富，大脑接受的信息刺激越强烈，能力也可能越强；另一方面，具备广博知识积累的人，大脑更容易产生新奇的想法和独特的见解，更能做到有所创新。

（5）想象能力

想象力就是大脑在思维的基础上，对自己原有知识和表象进行加工、改造而创造出新事物形象的心理过程。幻想、联想、梦想、空想等是想象的表现形式，对大学生来说，想象力是一种十分重要的能力，杰出的科学家、文学家、艺术家等都具有丰富的想象力。如何培养想象力呢？

第一，广泛吸收养料，建构广博的知识结构框架。丰富的想象力离不开丰富的知识储备，知识经验丰富的人，比知识经验不足的人更容易产生新的联想和独特见解。广泛的涉猎面，使大脑的灵感火花更容易找到突破口，厚积而薄发。

第二，勤于思考，积极思维，使大脑处于活跃状态，尽量避免出现思维刻板、僵化、麻木等现象。鼓励学生的求异思维，敢于发表不同的见解。

第三，掌握事物的本质特征、规律，运用适当的方法来发展想象力。比如锯子的发明原形是叶片上有毛刺的草,飞机的原形是天上飞的蜻蜓,潜艇的原形是水里的鱼。

二、学习方法的培养

1. 学习方法与学会学习

学习方法是人们在学习过程中获取知识和技能的途径、方式、程序和手段的总和。对大学生来说,学习方法是完成学业、学习成功的手段,而它本身又是学习的对象。学习和掌握科学的学习方法,是大学生重要的学习内容,对终身学习具有长远的战略意义。关于学习方法的知识是最有价值的知识,对学习方法的学习,是一切学习之母。

"学会学习"包括三个基本要素,即获取知识的途径、效率和质量。学会学习的人在获取知识时能做到:捷径、快速、准确。大学生应当用很大部分时间和精力去获得学习方法和研究方法,这就是学会学习。

2. 学习方法的基本要则

什么样的学习方法是最好的学习方法？应当说,世界上没有对一切人、一切场合都通用的"最佳"学习方法。有效的学习方法很多,但都是各自经验的总结。从总体上全面认识学习方法,有十六个字:学习有法,学无定法,我用我法,贵在得法。通常称之为"学习方法十六字诀"。

学习有法。这个"法"指客观规律。学习活动是有规律可循的。学习方法是一门科学,学习者要有方法意识,要从理论和实践的结合上认识规律,探求高效低耗的学习方法。每次学习之前都想一想,用什么学习方法最好。

学无定法。这个"法"指具体的手段和途径。学习方法不是固定的、一成不变的。运用学习方法不能强求一律,必须着眼于特点,因人而异,因师而异,因课而异,因学习阶段、教学环节、学习环境而异。正是在这个意义上说,世界上不存在适合一切人、一切场合的"最佳"学习方法。

我用我法。即我用的学习方法要适合我的具体情况,要为我所掌握,为我所使用。什么是最好的学习方法？适合自己的方法才是最好的学习方法。因此,对别人的学习方法要善于借鉴,更重要的是要通过学习实践不断总结,形成自己的一套行之有效的学习方法。借鉴百家,以我为主,养成习惯,化作本能,可终身受用。

贵在得法。方法得当,事半功倍;方法不当,事倍功半,甚至劳而无功。检验得法的标准是学习效果。方法有笨法、常法、妙法之分,效果有理解深度、牢固程度、效率高低的不同。科学的学习方法,是既高效,又节省时间。

3. 全程学习十法

广义地说,学习方法涉及的领域十分广泛。我们按照学习策略的分析、计划、实施、监控、调整五步骤,分析在校学习全过程,可以找到学习全过程的各个环节,探索各个环节的学习方法,形成全程学习方法,又称"全程学习十法",包括修学五环、自学三径,加上计划和应考。"计划"阶段就是制订学习计划;科学的修学方法包括预习、上课、复习、作业、小结五个环节;科学的自学方法包括读书、实践、积累三种途径;"应考"阶段根据考试结果对学习效果作出评价,及时调整学习方案,进入新的学习过程。

"全程学习十法"是一个整体,是由十大要素有机结合的完整系统。缺少其中任何一项,都不是完整的学习,都会出现系统功能缺损,甚至导致学习失利以至失败。例如制订学习计划,不仅是针对个性特点,对学校和老师的教学计划的必要补充和配合,能提高学习效率,还可以强化计划观念,提高计划能力,磨炼学习意志,养成良好习惯。这都是现代高级专门人才必备的重要素质,这些素质只能在计划学习的实践中培养形成。例如修学与自学,二者相辅相成,不可或缺。世界上没有只修学不自学而成功的人才,而只自学不修学,白白丢失了大学具有众多优秀教师群体这一优越条件,会多走弯路多碰壁,浪费宝贵的时间和精力。例如修学五环,不但五个环节都不能缺少,而且先后次序也不能颠倒。那种只有"上课——作业——应考"的"残缺式三部曲"的修学方法,"课上听老师讲,课下围习题转,考前拼命干","课前不预习,课后不复习,考前大突击",在中小学也只能是低级简单水平上"对付"、"应付",在大学更会完全陷入被动,疲于奔命,还学不到什么东西。因此,对我们每个大学生来说,如果你想自主驾驭你的大学学习生涯,而不被每门课程牵着鼻子走,就必须主动学会并运用"全程学习十法"。"十法"中的具体方法或技巧,还需进一步揣摩和实践。

4. 时间运筹法与科学用脑法

除"全程学习十法"外,如何管理时间和如何科学用脑,是两个极其重要的问题。它渗透于学习全过程,关系到学习效率和学习成败。

时间是学习必不可少的条件,学习存在于时间流动之中。学问是时间的结晶,学习成就的大小与时间利用的程度密切相关。大学时间有限,大学生要善于管理时间,科学地运筹时间,将要做的事情分清轻重缓急,合理地安排时间,科学地管理时间,以达到用较少的时间做较多的事情。首先,要勤奋。勤奋是最佳运筹时间；勤是充分利用时间；奋是充分发挥主观能动性，最大限度地提高效率。其次，需制订用时计划，编制时间预算，并严格执行。同时，用"时间轨迹运筹法"统计分析自己的时间使用，即用 2～3 周的时间详细记录自己每天的时间轨迹（24 小时的活动内容和时间，精确到 5～10 分钟），每天、每周作一次统计，对时间利用作适当归类，例如分为必不可少的活动（上课、自习、睡觉、吃饭等），必要的活动（集体活动、社会工作、体育锻炼、个人卫生等），消遣活动，其他活动等。然后进行分析：时间分配是否合理？有哪些浪费？如何改进？这一办法，不仅能减少时间浪费，增加绝对学习时间，大大提高学习效率，而且可以强化时间意识，增强时间观念，养成惜时习惯，这样做实际上提高了生活质量，延长了自己的生命。

结　语

在大学阶段，学习仍是大学生生活的主要任务。与中学阶段不同，大学学习有着很强的目的性、自主性与选择性，它不单纯是为了学习而学习，而是为了兴趣而学习，是为了未来而学习，为了成长而学习。更为重要的是，大学时期是每位学子记忆力、动作反应速度最佳的黄金时期。学习，不仅是大学生未来事业的基础，更是其成长历程的关键。大学生学习是学习的一种特殊形式。学习是大学生的主要任务，大学生正处于智力发展的高峰期，记忆力、观察力、思考力、逻辑思维能力与创造性都有很大的发展。大学生学习既不同于儿童的学习，也不同于成人的学习。大学生学习既有一定的专业性、目的性和探索性，又有深刻的社会意义，表现出广泛的兴趣和各种各样的学习方法。大学生学习有其特殊性：一是大学生的学习是一种特殊的认识活动，是掌握前人积累的文化、科学知识，即间接的知识，在学习中会有发现与创造，但其主要内容还是学习前人积累的知识与经验；二是学生的学习是在教师的指导下，有目的、有计划、有组织地进行的，是以掌握系统的科学知识为前提的；三是学生的学习是在较短时间内接受前人的知识与经验，重要的是间接经验的学习与掌握，学生的实践活动是服从于学习目的的；四是学生的学习不但要掌握知识经验与技能，还要发展智能，培养品德及促进健康个性的发展，形成科学的世界观。

课后小资料

学习压力大成大学生"心病"

据 5 月 24 日《齐鲁晚报》报道,5 月 25 日是全国大学生心理健康日。24 日,记者采访发现,滨州各高校都积极开展了有助大学生心理健康的活动。统计显示,学业问题成为大学生心理健康最关注的问题。

滨州学院心理健康教育与咨询中心的朱洪发教授介绍,学院每学期都会组织新生进行心理咨询测量。据心理健康测量信息统计表显示,2009 年全院 4 601 人参加心理测量,需要"非常关注"的学生占学生总数的 6.82%,而不适应大学环境、因学习有压力而抑郁、焦虑的占 11.06%;2010 年 4 808 人参加心理测量,其中需要学校心理教育与咨询中心特别关注的占 3.72%,而因学业比较抑郁、紧张、焦虑的占 7.24%。虽然总体上大学生存在心理健康问题的人数减少,但因心理健康问题来咨询的学生中,有很多是有关学业的。据统计,该校 2005—2009 年前来咨询的 2 233 人中,存在学习压力大、学习遇到挫折、考试焦虑等学业问题的占 19.93%;2009—2010 年前来咨询的 824 人中,遇到同样学业问题的人占 35.7%。

在滨州职业学院举行的现场心理咨询会上,大部分同学都因为学业问题进行了咨询。2010 级生物工程系的侯同学告诉记者:"刚上大一,感觉大学和高中有很大不同,我咨询的问题就是感觉很闲,无所事事,不知道自己应该如何安排时间。老师就会告诉我平时应该怎么做,多参加一些社团活动或者志愿者服务,学校组织的活动很多,要让自己积极投入进去,学着自主学习。"据了解,像侯同学一样,咨询有关学业问题的学生不在少数。

学业问题是大一到大四的学生都存在的问题,也是大学生心理健康遇到的最多的问题。大一的学生因为没有学习方向而焦虑,进而烦躁、不知所措。大二、大三学生同样会遇到学业上的烦恼和挫折。大四学生面临着毕业,是继续考研深造还是考公务员就业?就这一问题让大四学生感到压力很大。

第五章　大学生的人际交往

案例导入

（一）某高校一位大学生，因疏于与同学交往而倍感孤独、压抑，竟离校出走，消息全无。学校派人四处苦寻无果，无奈报警，并通知其家属。其实，这位大学生并未离开这座城市，只是一连多日都待在一家网吧里和网上的人倾诉苦闷。疲惫不堪之下他又回到了校园。从老家赶来寻儿多日的父母激动得老泪纵横。但是，因为旷课过多，学校给予他退学的处分。

（二）某位大学生到咨询室求助，他的室友是个争强好胜的人，很难相处，令他很苦恼。这位室友毛病很多，比如上厕所后经常不冲、经常半夜打电话、喜欢乱用别人的东西，等等。而且不能容忍对他的批评，不但不承认错误，而且总和批评他的人吵架。这位大学生心里很矛盾，不知道该不该和这个室友争执：如果力争，肯定会吵架；如果不争，就觉得很窝火。

【案例分析】

上述案例都是大学生的人际交往问题，像上述例子中的主人公一样有同类问题的大学生很多。他们能与人交往，但多属点头之交，总感到自己缺乏影响力，没有知心朋友，因而倍感空虚、迷茫和失落；他们总会遇到一些不好相处的同学和舍友，非常影响心情，以至于学习和生活也会受到很大的影响。

在心理咨询和辅导中，我们也注意到，绝大多数大学生出现心理危机的原因在于缺乏正常人际交往和良好人际关系。在班级和宿舍里，同伴之间的心理交往状况，往往决定了一个大学生是否对大学生活感到满意。那些生活在没有形成友好、合作、融洽的人际关系的班级和宿舍中的大学生，常常表现出压抑、敏感、自我防卫、难于合作的特点，情绪和情感的满意程度低；那些生活在融洽和谐氛围班级和宿舍里的大学生,则以欢乐、注重学习与成就、乐于与人交往和帮助别人为主流。

第一节　大学生人际关系概述

进入大学之后,大学生们面临着新的环境、新的群体,重新整合各种关系,处理好与交往对象的关系便成为他们新的生活内容。良好的人际关系不仅是大学生心理健康水平、社会适应能力的重要指标,也是其今后事业发展与人生幸福的基石。

一、大学生人际关系的分类

大学生人际关系按照交往的范围可分为三类,即个体与个体之间的关系,如同学关系、朋友关系、师生关系和亲子关系;个体与群体之间的关系,如个体与家庭、学生与班级之间的关系;群体与群体之间的关系,如班级与班级之间的关系。

(一) 师生关系

老师与学生,是大学校园里两大基本群体。老师是学生人际交往的重要对象,师生关系是学生人际关系的重要内容。师生关系如何,直接影响到学生在学校能否健康地学习成长,并在很大程度上决定了学校能不能对学生的身心施加符合社会要求的影响。教师是大学生人际交往的重要对象,教师是知识的传授者,是大学生人格模仿的对象。然而,由于大学授课的流动性与课堂的扩展,师生之间缺乏直接的沟通与必要的情感交流,师生信息的对流与沟通明显不足,因而师生关系虽然是大学生的主要人际关系,却依旧需要进一步加强。

(二) 同学关系

同学是大学生人际交往的基本关系,也是大学生人际交往的主要对象。大学校园里的同学关系总的说是和谐、友好的,同学之间的关系有亲情化、家庭化的趋势,即在日常生活、学习中创造一种如同亲属一般和谐稳固的同学关系。一方面,大学生年龄相仿、经历相同,兴趣爱好相近,又共同生活在一个集体,学习相同的专业,沟通与交往容易;另一方面,大学生来自不同地域、不同家庭背景，生活习惯、个性气质有所差异，再加上大学生空间距离小，交往密度高，而自我空间相对狭小，又对人际交往的期望较高，一旦得不到满足，容易采取消极退避的态度。

（三）室友关系

大学生的寝室关系是时空充分接近的人际关系，也是纠纷、矛盾相对集中的人际关系。个体的行为习惯、人格特征在同室关系中彻底呈现出来，在这些方面存在较大差异的同学之间就不可避免地产生矛盾和紧张。迟睡或早起的学生与入睡困难的学生之间，乱放杂物的学生与很爱整洁的学生之间，要午休与不午休的学生之间，喜欢热闹气氛的学生与喜欢安静环境的学生之间，说话幽默的学生与说话严肃的学生之间，均可能相互误解、讨厌、反感和敌视。住上下铺的同学之间更容易出现矛盾。有的学生不喜欢别人坐自己的床铺，有的学生不喜欢别人用自己的东西，如果某些同学注意不够，就容易引起不愉快。另外，与非本班、非本系学生合住的个体，也常常抱怨同室关系麻烦。

（四）朋友关系

朋友关系是那些具有共同志向、意趣、爱好，关键时候可以提供更大更切实帮助的个体之间的关系，可以是同性朋友，也可能是异性朋友。朋友关系超越了同学关系或室友关系，是一种比较密切的人际关系，朋友对个体的影响可以超过家长或教师的作用。

1. 同性朋友

同性同学的交往，是大学生性别认同需要的体现。在交往中，个体可以获得适应自身发展的诸多信息，涉及特定的知识和技能；在交流和沟通过程中，个体认识、评价自身，使心身不断发展和变化。不过，也可能出现的是，大学生在这类交往中体验到自身的劣势，从而不再愿意主动交往。这是其人际安全得不到保障的结果。比如，有的大学生乐于与异性交往，却难以与同性沟通，根本原因就在同性面前他（或她）体验不到自身的价值，在异性面前却可以尽情发挥。

2. 异性朋友

可以说，大学生都有与异性交往的强烈愿望和真实需要，能够轻松自然地同异性交往是一个大学生人际关系能力的重要体现，也是个体心理健康的重要方面。许多异性朋友，随着时间的发展和相互的理解，最后发展成恋人关系。

第二节　大学生人际交往的特点及常见问题

1. 自我中心

以自我为中心的交往主要表现为：强调别人对自己应该承认、理解、接受和尊重，忽视对等地理解和尊重别人，交往中注重实现自己的目的，而忽视别人的利益和要求。只从自己的经验角度去认识人和事，而不能意识到别人对同一事物的看法和观点，对人和事的看法带有强烈的主观性。这种以自我为中心的交往方式在大学生中是比较普遍的。青年人自我意识的觉醒，这使得他们具有很强的自主判断、自主评价的倾向，这就造成青年学生容易从自己的角度考虑问题，只强调社会应理解自己，喜欢指责他人，抨击社会。忽视平等、互助这样的基本交往原则，以自我为中心，喜欢自吹自擂、盛气凌人、自私自利，不考虑对方的需要，这样的交往必定以失败而告终。

2. 自卑

自卑是一种过低的自我评价。自卑的浅层感受是别人看不起自己，而深层的体验是自己看不起自己，即缺乏自信。有自卑心理的大学生在交往中常常是畏首畏尾，遇到一点挫折便怨天尤人。如果受到别人的耻笑与侮辱，更是甘咽苦果、忍气吞声。实际上自卑者并不一定能力低下，而是他们往往凡事期望值过高、不切实际，在交往中总希望自己的形象理想完美，惧怕受挫或遭到他人的拒绝与耻笑。这种心境使自卑者在平时的人际交往中往往畏首畏脚，不能充分展现自己的风采。

3. 恐惧

惧怕人际交往。除了几个亲近的人之外，他们很难和外界沟通，在人多的地方会觉得不舒服，担心别人注意他们、担心被批评、担心自己格格不入，情况轻微的人还可以正常地生活，情况严重时甚至会造成生活上的障碍，无法正常求学或工作。造成社交恐惧的原因通常是有过失败的交往，形成了不愉快或痛苦的体验。或是听说别人有过失败的教训，惧怕这种情绪刺激自己，而使自己产生痛苦的体验，这种体验是通过预测得来的间接体验。社交恐惧的人常表现为对人际交往敏感、害怕因交往而使自己受伤害，久而久之，拉大了与周围人的距离，妨碍了与他人的交流沟通。

4. 嫉妒

嫉妒是一种消极的心理品质，是对与自己有联系而强过自己的人的一种不服、不悦、失落、仇视，甚至带有某种破坏性的危险情感，是通过自己与他人进行对比而产生的一种消极心态。嫉妒往往表现为当看到与自己有某种联系的人取得了比自己优越的地位或成绩，便产生一种嫉恨心理。它的特点是针对与自己有联系的人；往往是指向和自己职业、层次、年龄相似而超过自己的人。大多数嫉妒心理潜伏较深，行为表现较为隐秘。嫉妒容易使人产生痛苦、忧伤的情绪和攻击性言论、行为，导致人际冲突和交往障碍。

5. 猜疑

具有多疑心理的人，往往先在主观上设定他人对自己不满，然后在生活中寻找证据。带着以邻为壑的心理，必然把无中生有的事实强加于人，甚至把善意曲解为恶意。这是一种狭隘的、片面的、缺乏根据的盲目想象。猜疑的人很容易偏激，对他人的言行敏感、多疑、不信任，人际关系常陷入僵局。猜疑产生的心理原因是过分地关注自己的利害得失，和自私心理联系紧密。其思维定势就是怕别人损害自己。

6. 自负

自负在人际交往中表现为傲气轻狂、居高临下、自夸自大，过于相信自己而不相信他人，只关心个人的需要，强调自己的感受而忽视他人。与同伴相聚，不高兴时会不分场合地乱发脾气，高兴时则海阔天空、手舞足蹈讲个痛快，全然不考虑别人的情绪和态度。与熟识的人相处，常过高地估计彼此的亲密程度，使对方出于心理防卫而与之疏远。

7. 羞怯

羞怯心理是绝大多数人都会有的一种心理。具有这种心理的人，往往在交际场所或大庭广众之下羞于启齿或害怕见人。由于过分的焦虑和不必要的担心，使得人们在言语上支支吾吾，行动上手足失措。长此以往会不利于与他人正常交往。害羞使大学生在人际交往中常常表现出腼腆，动作忸怩，不自然，脸色绯红，说话音量低而小，严重者怯于交往，对交往采取回避的态度。过多约束自己的言行，无法充分表达自己的愿望和情感，也无法与人沟通，造成交往双方的不理解或误解，妨碍了良好人际关系的形成。

8. 自私

在人际交往中自私经常左右着人们的思想和行动。人际交往中自私者往往以"我"为圆心，以"我的利益"为半径，以"我的一切"为准则。这种只顾个人利益,不顾别人利益的心理即自私。自私的人纯粹以功利和实用看待人际关系。凡是对他有利的则不顾一切往前冲,对他不利的又不顾一切往回缩或推诿,"人不为己,天诛地灭"就是典型的自私哲学。有自私心理的人,与人交往的动机往往是贪图金钱财物,攀附名利。

9. 自我封闭

这种心理状态的表现是把自己的真实思想、情感、欲望掩盖起来。严重者对任何人都不信任,怀有很深的戒备,隔断了与他人的交往。大多数学生都承认在人际关系中,和同学保持融洽关系还比较容易,但与他人交知心朋友很难或比较难。自我封闭心理的原因有三:一是自我保护意识很强,不愿意把心扉向别人敞开,有什么事喜欢闷在心里,很少自我暴露自己真实的一面。二是大学生中独生子女的比例增多,缺乏对他人的关心和尊重,个人意识强,偏向自我。三是社会竞争和人才竞争激烈,来自就业等各方面的压力促使大学生整日埋头苦读,彼此间思想沟通和交流不够,使人际关系疏远,缺少知心朋友。自我封闭人为地在自己与社会、集体、同学和家庭之间筑起了一道心理屏障,影响学习和工作,妨碍自己的全面发展。

第三节　大学生人际交往的原则及技巧

入学之初,同学间的互相关心和帮助,相互信赖和理解,有助于减轻心理压力,减少孤独和寂寞,减少对父母的依赖感,较快地熟悉新的学习和生活环境。同学之间应多加了解,熟悉互相的生活习惯和性格,为以后的相处打下基础。在交往过程中应该做到:注意倾听他人的讲话,适当表达自己的见解,态度诚恳,措辞文雅,处处替他人着想,切忌以自我为中心,克服傲慢和嫉妒心理,还要积极参加集体组织的各项活动。以下人际交往原则,会帮助新生同学建立良好的人际关系。

(一)主动原则

我们在交往中总是期待别人接纳自己、喜欢自己。你要别人爱你,你就得给别人以理由。坚持主动原则,给别人爱你的理由,就是你先要接纳别人,先要爱别人。你肯播撒爱的种子,才能有爱的收获。

(二)真诚原则

人都有安全的需要。出于这种需要,人们都希望自己周围的环境是可以把握的,自己的交往对象是能够把握的。而你不真诚就让人感到没法把握你,人家把握不了你,只能像躲避炸弹一样躲避你。人际关系的基础是人与人之间的相互重视、相互支持,对于真心接纳我们,喜欢我们的人,我们也更愿意接纳对方,愿意同他们交往并建立和维持关系。

任何人都有着保护自己心理平衡的稳定倾向,都要求自身同他人的关系保持某种适当性、合理性,并依此对自己与他人的行为得以解释。这样,当别人对我们表示出友好、接纳和支持时,我们也感到应该对别人报以相应的友好。与此同时,如果我们友好的行动被别人接纳后,我们也希望别人做出相应的回答;如果别人的行动偏离了我们的期望,我们会认为别人不通情理,从而产生一种不愉快的情绪体验,对对方产生心理排斥。同样,对于排斥、拒绝我们的人,我们也必须报之以排斥与否定才是合理的、适当的,否则难以达到心理平衡。可见,我国古人所讲的"爱人者,人恒爱之","己所不欲,勿施于人"是有其心理学基础的。

(三)距离原则

人都需要一个独享的心理空间,需要一定的心理自由度。所以,虽然你非常渴望友谊,还要注意保持适当距离,保持各自的自由空间。

森林里,几只刺猬被寒风吹得瑟瑟发抖,当他们想紧靠一起互相取暖时,又不得不弹开了,因为刺猬身上都长着尖刺,靠在一起就会刺痛对方。但经过几次尝试后,刺猬们最后终于找到了既不刺痛彼此又能相互取暖的适当的距离。

就像刺猬因为彼此保持了适当的"距离"才能相互取暖一样,生活中,我们无论做什么事,都得讲究一个适当的"度"。在人际交往方面,这个"度"就表现为各种交际特点与技巧的集合,每一个人都应该掌握这些技巧。

心理小贴士

人际关系八大距离

对方和你的关系如何,可以通过他与你保持的距离来判断。同时,彼此间的对话,也和双方距离的远近有很大关系。

根据美国人类学家埃特瓦特·霍尔的观察,人际关系可通过八种距离来断定。

1. 密切距离——接近型(0.15米)

这是为了爱抚、格斗、安慰、保护而保持的距离,是双方关系最接近时所具有的距离。这时语言的作用很小。

2. 密切距离——较近型(0.15~0.45米)

这是伸手能够触及对方的距离,是关系比较密切的同伴之间的距离,也是在拥挤的电车中人与人之间不即不离的距离。

3. 个体距离——接近型(0.45~0.75米)

这是能够拥抱或抓住对方的距离。在这个距离内,对于对方的表情一目了然。对男性来说,妻子处于这种位置是自然的,而其他女性处在这个距离内,则易产生误解。

4. 个体距离——稍近型(0.75~1.2米)

这是双方同时伸手才能触及的距离,这是对人有所要求时应有的一种距离。

5. 社会距离——接近型(1.2~2.1米)

这是超越身体能接触的界限,是办事时同事之间所处的一种距离。保持这种距离,使人具有一种高雅、庄严的气质。

6. 社会距离——远离型(2.1~3.6米)

这是为了便于工作要保持的距离,工作时既可以不受他人影响,又不给别人增添麻烦。夫妻在家时,保持这种距离,可以互不干扰。

7. 公众距离——接近型(3.6~7.5米)

如果保持4米左右的距离,说明说话人与听话人之间有许多问题或思想待解决与交流。

8. 公众距离——远离型(7.5米以上)

这是讲演时采用的一种距离,彼此互不相扰。

如能将以上八种距离铭记在心,就能准确、顺利地判断出你与对方所处的关系与密切程度。

(四)自立原则

在人际交往上,要防止人际依赖。面对新生活要坚持自强自立。因为新的一段人生旅程到底要靠自己走。

大学生活伊始,对广大学子而言,首当其冲的任务是尽快适应大学生活的新变化。但学子们在适应大学生活的过程中,出现问题是不可避免的,做好心理预防,可缩短适应期,使学习早日走上正轨,更有利于自身的健康成长。

二、建立良好的人际关系的技巧

建立良好的人际关系，是一个人事业成功的基础，左右逢源，游刃有余，需要一颗宽容的心，需要真诚，需要积极交往的主动性，塑造很好的个人形象，善用各种交际手段，克服社会知觉中的偏见。

（一）克服社会知觉中的偏见

1. 首因效应与近因效应

我们通常所说的印象实际上指第一印象，在社会心理学中，由于第一印象的形成是最初获得的信息，比后来获得的信息影响更大，因而也被称为首因效应。与首因效应相比，在总的印象形成上，新近获得的信息比原来获得的信息影响更大的现象，被称为近因效应或称为最近效应。

最初获得的信息及由此信息形成的第一印象在总的印象形成过程中作用更大，因为我们在最初接触陌生人的时候，注意的投入完全而充分，此时印象最为鲜明、强烈，而后继信息的输入，我们的注意会游离，从而使其对我们的影响在下降。人们已习惯于用先入为主的最初印象轨道解释一些心理问题。第一印象一经建立，对于后来获得信息的理解有着巨大的影响。如一位大学生刚入大学时出色的自我介绍在同学的头脑中留下强有力的第一印象，即使以后他的表现不如以前，同学们也认为不是能力问题而是不够尽力；相反有的同学在寻求职业时留下很不称职的第一印象，那么要转变这个印象则需要很长时间。

近因效应不如首因效应突出，它的产生往往是由于在形成印象的过程中不断有足够引人注意的新信息提供，或者原来的印象已经随时间推移而淡忘。因此，人际交往中近期发生的特殊事件对于人际关系的变化影响也比较大。

卡内基在其名著《怎样赢得朋友，怎样影响别人》一书中，总结了给人留下良好第一印象的六条途径，即真诚地对别人感兴趣、微笑，多提别人的名字，做一个耐心的听者，鼓励别人谈自己，谈符合别人兴趣的话题，以真诚的方式让别人感到自己很重要。

2. 晕轮效应

人们将从已知的特征推知其他特征的普遍倾向称为晕轮效应。人们按照自己对一个人的一种品质推断出他还具有一些其他品质是种普遍的倾向，如知道某人是正直的，则容易把这人想象成刚直不阿、真诚可信、办事认真、可信赖等。外表的吸引力有着明显的晕轮效应，当一个人的外表充满魅力时，其与外表无关的特征也会得到更好的评价。其正面效应是通过某一方面建立有关别人的印象,最迅速、最经济,帮助人们尽快适应多变的外部世界;其消极的一面在于以偏概全,使人们对别人的印象与本来面目相去甚远。

3. 刻板效应

有些人习惯于机械地将交往对象归于某一类人,不管他是否表现出该类人的特征,都认为他是该类人的代表,而总是将对该类人的评价强加于他,从而影响正确认知,特别是当这类评价带有偏见时,会损害人际关系。如有的大学生认为南方人小气、自私,出自社会地位高的家庭的学生傲气、不好相处等,这种刻板印象容易形成先入为主的定势效应,妨碍大学生正常人际关系的形成。

刻板印象的好处是能快速地了解一个陌生或不太熟悉的人或群体的特征,但刻板印象也有其弊端:一是它夸大了群体内成员间的相似性,从而对个体的知觉产生先入为主、以偏概全的偏差;二是夸大了群体间的差异性,容易产生偏见与歧视。

4. 定势效应

定势效应是指人们头脑中存在的某种固定化的意识,影响着人们对人和事物的认知和评价。当我们与他人接触时,常常会不自觉地产生一种有准备的心理状态,对一种固定了的观念或倾向进行评判。如成语"邻人偷斧"就是定势效应的例子。再如大学里常有一种单一的对学生的评价,即好学生与差学生,这些评价往往是单纯的学业成绩的评价而非对学生全面的评价。同样,我们在与陌生人开始人际交往的时候,往往要借助于定势效应,将我们有准备的心理状态用于对待人与事上。

5. 投射效应

人际关系中的投射效应,即"以小人之心,度君子之腹",指与人交往时把自己具有的某些不讨人喜欢、不为人接受的观念、性格、态度或欲望转移到别人身上,认为别人也是如此,以掩盖自己不受人欢迎的特征。如自私的人总认为别人也很自私,而那些慷慨大方的人认为别人对自己也应不小气。由于投射作用的影响,人际交往中很容易产生误解。

(二)塑造良好的个人形象,增进个人魅力

社会交往中,个体的知识水平与涵养直接影响着交往的效果,良好的个人形象应从点滴开始,从善如流,"勿以善小而不为,勿以恶小而为之",优化个人的社交形象。

1. 谦虚谨慎,摆正位置

要做到这一点的关键是正确认识自己的过去,忘记过去的辉煌或阴影,把大学生活作为一个新的起点,平静地看待周围的人和事,保持一种平和而理智的心态,谦虚待人。

2. 平等相待,真诚相处

真诚对待同学,方能使大家心心相印、有难同当。大学生人际交往的基础是人格平等,以诚相待。大学生之间存在差别,但他们在交往中却都刻意追求平等,强者不愿被迎合,弱者不愿被鄙视。因此,在学习生活工作特别是困难面前,要互帮互助。"善大,莫过于诚",热诚的赞许与诚恳的批评,都能使彼此间愿意了解、信任、倾诉、交心。

3. 主动开放

每个人所隐藏的内心世界,正是别人希望发现的奥秘,一般来说只有暴露了自己的内心,才能走进别人的心里。当你对别人做出一个友好的行动,表示支持或接纳他时,他的心理就会产生一种压力,为保持自己的心理平衡,他便会对你报以相应的友好行为。善于与人交谈和一起娱乐,能恰当分配时间与人交往、参加集体活动,往往会取得思想上的沟通、感情上的融洽。

4. 提高心理素质

人与人之间的交往,是思想、能力、知识及心理的整体作用,哪一方面的欠缺都会影响人际关系的质量。有的学生在人际交往中存在着社交恐惧、胆怯、羞怯、自卑、冷漠、孤独、封闭、猜疑、自傲、嫉妒等不良心理,这些都不易建立良好的人际关系。因此,大学生应加强自我训练,提高自身的心理素质,以积极的态度进行交往。

5. 提高自身的人格魅力

应该说,每个个体都有其内在的人格魅力,人格魅力是一个人的综合素质在社交生活中的体现,这就要求在校的大学生丰富自己的内心世界,从仪表到谈吐,从形象到学识,多方位提高自己。心理学研究表明,初次交往中,良好的社交形象会给对方留下深刻的印象,而随着交往的深入,学识更占主导地位。特别是大学生在个性培养上,要注重拓展自己的内涵。

(三)善用交际技巧

1. 换位思考,学会包容

一般而言,善于交往的人,往往善于发现他人的价值,懂得尊重他人,愿意信任他人,对人宽容,能容忍他人有不同的观点和行为,不斤斤计较他人的过失,在可能的范围内帮助他人而不是指责他人。他懂得"你要别人怎样对待你,你就得怎样对待别人";懂得"己所不欲,勿施于人";懂得"得到朋友的最好办法是使自己成为别人的朋友";懂得别人是别人而不是自己,因而不能强求,与朋友相处时应存大同,求小异。

2. 多赞扬,少批评

心理学家认为,赞扬能释放一个人身上的能量,调动人的积极性。"赞扬能使赢弱的身体变得强壮,能给恐怖的内心以平静与依赖,能让受伤的神经得到休息和力量,能给身处逆境的人以追求成功的决心"。有报载,一位欧洲妇女出门旅行,她学会了用数国语言讲"谢谢你""你真好""你真是太棒了!"等,所到之处,都受到热情接待。真心真意,适时适度地表示你对别人的赞扬,赞扬要对人也对事,从而增进彼此的吸引力。要善于落落大方地说"谢谢"。我们经常认为特别亲近的人不需要说谢,太小的事不需要说谢,我们在生活中不太愿意直接表达我们的感谢,而是愿意记在心中。事实上,真诚的发自内心的感谢闪烁着人性的光辉。

与赞扬相对的是批评。一般情况下,应多作赞扬,少用批评,批评是负性刺激。通常只有当用意善良、符合事实、方法得当时,才有可能产生积极的效果,才能促进对方的进步。批评时应注意场合与环境,应对事不对人,不能对一个人产生全盘否定,这样会挫伤对方的积极性与自尊心,应就现在的一件事而不是将以前的事重新翻出来,措辞与态度应是友好的、真诚的。

3. 主动交往,悦纳自我

在社会交往中,那些主动发起交往活动,主动去接纳别人的人,在人际关系上较为自信,主动交往的缺乏源于两方面的原因:一是缺乏自信,担心遭到拒绝,担心别人不会像自己期望的那样理解、应答,从而使自己处于窘迫的局面,伤害了自己的自尊。事实上,问题远没有我们想象的那么严重,因为人际关系中,双方都需要适应,需要人际关系支持陌生情境。二是人们在人际关系方面有许多误解,如先同别人打招呼,在别人看来低人一等,"那些善于交往的人左右逢源,都有些世故,有些圆滑","我如此麻烦别人,别人会认为我无能,会讨厌我"等。

大学生的主动交往对于建立自己的人际关系特别重要,特别是当面临人际危机时,主动解释,消除误解,对于重新建立良好的人际关系非常重要。

4. 学会共情,关注倾听

人际关系的本质是人与人之间情感的联系与沟通,情感的沟通越充分,双方共同拥有的心理领域就越大,人际关系就越亲密。生活中常常由于种种原因而导致不能很好地理解别人。但当你站在别人的位置看问题时,就会了解别人的所言所行,获得许多从未有过的理解,便会觉得心理上的距离缩短了。另一方面,每个人都有保留自己意见和按照自己意愿去生活的权利,彼此只能用自己的思想去影响别人,而不可能强制改变别人。如果时时处处尊重和理解别人的选择,不过高要求别人,就可以减少误解,拥有豁达心胸,从而达到心理相容,这就是培养共情的能力。

共情,也叫同感、同理心。指的是一种能深入他人主观世界,了解其感受的能力。就是关怀一个人,必须能够了解他及他的世界,就好像我就是他,我必须能够好像用他的眼看他的世界及他自己一样,而不能把他看成物品一样从外面去审核、观察,必须能与他同在他的世界里,并进入他的世界,从内部去体认他的生活方式,以及他的目标与方向。

倾听是指个体通过自己的语言和非语言行为向对方传达一个信息:我正在很有兴趣地听着你的叙述,我表示理解和接纳。在听对方讲话过程中,尽量克制自己插嘴讲话的欲望,不以个人的价值观念来评价对方的叙述。倾听并非仅仅是用耳朵听,更重要的是要用心听,去设身处地地感受。不但要听懂对方通过言语、行为所表达出来的东西,还要听出求助者在交谈中所省略的和没有表达出来的内容。善于倾听,不仅在于听,还在于要有参与,有适当的反应。反应既可以是言语性的,也可以是非言语性的。比如,用"是的""然后呢""请继续"等言语来鼓励对方继续说下去,或者用微笑、眼睛的关注、身体的前倾、相呼应的点头等。倾听不是被动的、消极的活动,而是主动的、积极的活动,是个体用心去听人讲话。

5. 互助互谅,共同成长

心理学家们发现,以帮助与相互帮助作为开端的人际关系,不仅容易确立良好的第一印象,而且人与人之间的心理距离可以迅速缩短,使良好的人际关系迅速建立起来。每个人都会有遇到困难、需要他人帮助的时候。生病时需要照顾,考试成绩不佳时需要安慰,失恋时需要人开导……大家都是离家在外的孩子,互相伸出温暖的手,让离家的日子不寒冷。另外,生活在相同的环境中,彼此间的互相体谅尤为重要。你应该在别人午睡时,尽量放轻动作;自己听音乐时戴上耳塞;有同舍室友亲友来访,热情接待。"勿以善小而不为",当你设身处地地为别人着想时,彼此合作的契机便已来临。

课后小资料

人际关系行为困扰的诊断量表

这是一份大学生人际关系行为困扰的诊断量表,一共有 28 个问题,请你根据自己的实际情况,逐一对每个问题做"是"或"否"的回答。为了保证测验的准确性,请你认真作答。

1. 关于自己的烦恼有口难开。

2. 和生人见面感觉不自然。

3. 过分地羡慕和忌妒别人。

4. 与异性交往太少。

5. 对连续不断的会谈感到困难。

6. 在社交场合,感到紧张。

7. 时常伤害别人。

8. 与异性来往感觉不自然。

9. 与一大群朋友在一起,常感到孤寂或失落。

10. 极易受窘。

11. 与别人不能和睦相处。

12. 不知道与异性交往时如何做到适可而止。

13. 当不熟悉的人对自己倾诉他(她)的生平遭遇以求同情时,自己常感到不自在。

14. 担心别人对自己有什么坏印象。

15. 总是尽力使别人赏识自己。

16. 暗自思慕异性。

17. 时常避免表达自己的感受。

18. 对自己的仪表(容貌)缺乏信心。

19. 讨厌某人或被某人所讨厌。

20. 瞧不起异性。

21. 不能专注地倾听。

22. 自己的烦恼无人可申诉。

23. 受别人排斥,感到冷漠。

24. 被异性瞧不起。

25. 不能广泛地听取各种意见和看法。

26. 自己常因受伤害而暗自伤心。

27. 常被别人谈论、愚弄。

28. 与异性交往不知如何做到更好地相处。

计分标准：选择"是"的加 1 分，选择"否"的给 0 分。

结果解释：

如果你的总分在 0～8 分之间，那么说明你在与朋友相处上的困扰较少。你善于交谈，性格比较开朗，主动，关心别人。你对周围的朋友都比较好，愿意和他们在一起，他们也都喜欢你，你们相处得不错。而且，你能从与朋友的相处中，得到许多乐趣。你的生活是比较充实而且丰富多彩的，你与异性朋友也相处得很好。一句话，你不存在或较少存在交友方面的困扰，你善于与朋友相处，人缘很好，能获得许多人的好感与赞同。

如果你的总分在 9～14 分之间，那么，你与朋友相处存在一定程度的困扰。你的人缘一般，换句话说，你和朋友的关系并不牢固，时好时坏，经常处在一种起伏之中。

如果你的总分在 15～28 分之间，那就表明你同朋友相处的行为困扰比较严重，分数超过 20 分，则表明你的人际关系行为困扰程度很严重，而且在心理上出现较为明显的障碍。你可能不善于交谈，也可能是一个性格孤僻的人，不开朗，或者有明显的自高自大、讨人嫌的行为。

第六章 大学生的爱情心理

案 例 导 入

一位男生来到咨询室，面色憔悴，身上还带着一些酒味，在咨询师的引导下，男生慢慢叙述起自己的苦恼，上大学后，大家陆陆续续都谈了恋爱，自己也主动追求一名女生，为她买花、买早餐、送小礼物等。最初女生不答应，认为两人在性格上不合适，但是经过一段时间的坚持，女生答应了自己的追求。建立恋爱关系之后，两人几乎每天都在一起，上课坐到教室的后面角落，不参加班级活动，和其他同学的关系都比较疏远，好像这个世界只属于他们两个人。期末考试时，两人都出现了挂科现象，同时女朋友对自己越来越不满意，争吵的频率越来越高，终于有一天女朋友主动提出分手。自己非常痛苦，几天没吃东西，晚上也睡不着，也曾偷偷地哭泣，甚至想到自杀。

【案例分析】

爱情是很难用语言描述的，也没有绝对的标准。该同学在恋爱中投入非常多的时间和精力，将所有注意力都放在两人关系中，没有建立自己的人际关系，并且耽误了学业。但爱情从来都不是生活的全部，当两人关系出现问题时，该同学就会感受到更多的失落和难过，因为在这个过程中他已经迷失了自我。大学生的恋爱就像青涩的果子，从追求异性、建立恋爱关系、正式交往到关系破裂，都有很多的不确定性。很多学生面对如何选择适合的恋人、处理恋爱中出现的矛盾与冲突、解除关系等问题，不知道该如何处理，甚至运用错误的处理方法，造成更严重的后果。

爱情作为一种高级情感，是人在成长中所必经的过程，尤其处于青春期发展中后阶段的大学生，他们的性机能迅速成熟，男女情感上的吸引力大大强化,产生了相互倾慕、热烈的爱情。随着性观念趋向开放,目前在高等院校中,大学生恋爱已成为一种普遍的现象,恋爱行为也已逐渐趋向公开化。人们对当前大学生恋爱行为表现出较大宽容的同时,其心理问题以及由心理问题导致的行为问题也日益引起了人们的关注。有调查表明,根据目前大学生心理咨询情况,因恋爱导致的心理问题上升了70%~90%。这一章,我们将探讨大学生在恋爱中遇到的心理问题。

第一节　爱情概述

一、爱情的演变

爱情的定义是时代的产物,到了今天这个时代,社会将爱情视为婚姻的基础。在原始社会,所谓的婚姻关系只是一种生存所需要的"家庭"单位,此时爱情也就无足轻重。原始社会的语言中没有"爱情"这个词,结伙同行生儿育女通常比独居更有利于生存。公元前5世纪,哲学家柏拉图论述了爱情是人类最高尚的美,包括精神、智慧和性。但他指出婚姻与爱情无关,只为繁殖后代。中世纪后的欧洲,贵族社会里逐渐产生一种热情、理想上不能实现的、对婚姻之外的爱的追求。当时的婚姻仍然为政治和经济的目的所安排。到了随后的几个世纪里,追逐爱的理想由上层社会散布到中下层社会。此时一些平民不愿意其爱情因私通而被报复,逐渐发展到从对爱的追求到使爱情成为结婚的誓言。

二、爱情的定义

爱情是什么?每个人的心中也许都有一个属于自己的爱情词典,心理学家认为,爱情是一对男女之间建立在传宗接代的本能基础上,男女双方产生的特别强烈的肉体和精神享受的相互仰慕,并渴望对方成为自己终身伴侣的高尚情感。

爱情有三个重要的要素:

1. 依恋

陷入爱情的恋人在感到孤独时,会强烈地希望有自己恋人的陪伴和宽慰,别人是不能替代的。一般这时的想法是:我感到孤单的时候,第一个想法是去找他(她)。

2. 关怀和奉献

恋人之间彼此会高度关心对方的情感状态,"她(他)开心的时候我也比较开心,他不舒服的时候我也不愉快",感到让对方快乐和幸福是自己的责任,并对对方的不足表现出高度宽容。

3. 亲密

陷入爱情中的恋人,不仅有着对对方的高度依赖,并且有特殊的身体接触需要。虽然这种身体接触最终会自然地卷入性的意味,但在恋爱的最初阶段,这种身体接触的需要趋向于泛化的高度依恋所需要的反应。在一定意义上,它很像高度依恋母亲的幼儿对母亲爱抚的需要。

⏱ 心理小贴士

苏格拉底对爱情和婚姻的理解

有一天,柏拉图问老师苏格拉底什么是爱情? 老师就让他先到麦田里去,摘一棵全麦田里最大最金黄的麦穗来,期间只能摘一次,并且只可向前走,不能回头。

柏拉图于是按照老师说的去做了。结果他两手空空地走出了田地。老师问他为什么摘不到? 他说:"因为只能摘一次,又不能走回头路,期间即使见到最大最金黄的,因为不知前面是否有更好的,所以没有摘;走到前面时,又发觉总不及之前见到的好,原来最大最金黄的麦穗早已错过了;于是我什么也没摘。"老师说:"这就是爱情。"

之后又有一天,柏拉图问他的老师什么是婚姻,他的老师就叫他先到树林里,砍下一棵全树林最大最茂盛、最适合放在家作圣诞树的树。期间同样只能砍一次,以及同样只可以向前走,不能回头。

柏拉图于是照着老师的话做。今次,他带了一棵普普通通,不是很茂盛,亦不算太差的树回来。老师问他,怎么带这棵普普通通的树回来,他说:"有了上一次经验,当我走到大半路程还两手空空时,看到这棵树也不太差,便砍下来,免得错过了后,最后又什么也带不出来。"老师说:"这就是婚姻!"

人生正如穿越麦田和树林,只走一次,不能回头。要找到属于自己最好的麦穗和大树,你必须有莫大的勇气并付出相当的努力。

三、爱情的基本特征

爱情作为男女之间的一种特殊情感,是主观感情和客观义务的统一。因而它有着不同于其他人与人之间关系的显著特征。

1. 平等互爱性

恩格斯曾说:爱情要以"互爱为前提",这是爱情平等互爱性的集中体现,男女之间平等的互相爱慕是构成美满幸福爱情的首要条件。爱情是男女双方心灵的和谐,是双方共同的意愿。爱情的双方要立足于平等自主这一基点,没有了平等性,也就无所谓爱情。

2. 专一排他性

真正的爱情,它需要男女双方基于平等自主这一基础,彼此都全身心地投入。既不允许第三者插入他们的爱情关系,也不允许恋爱双方的任何一方同时与其他人建立恋爱关系。

3. 强烈持久性

所谓爱情的持久性,就是指爱情就其本性而言具有终身的性质,以选择终身伴侣为目的选择和确定恋爱对象。婚姻的缔结,就是用一种社会形式把具有终身性的爱情固定了下来,并组成一定的形式的家庭。爱情虽然具有持久的属性,但是爱情又是人类精细而又脆弱的精神产品。

4. 能动性

爱情的能动性是指爱情在人类社会发展中发挥的强大推动作用。爱情作为婚姻家庭关系的基础,其社会作用也是不容忽视的。幸福的爱情是家庭和睦的源泉,更是社会安定团结的重要构成要素。

四、爱情的理论

爱情的现象可以去理解、可以去描写、可以去解释、可以去研究……但爱情的美只能在感动中得以体会,那是一个充满了想象与超脱现实的生命体验。为什么一个人可以那样地去爱另一个人?在心理学家的眼中,有着各式各样的爱情理论,以下是心理学研究常见的爱情理论:

（一）爱情三元理论

美国著名心理学家斯滕伯格的爱情三元理论是目前最重要且令人熟知的理论。他认为爱情包括三种成分:亲密、激情及承诺。

亲密是指与伴侣间心灵相近,互相契合,互相归属的感觉,属于爱情的情感成分;激情是指强烈地渴望与伴侣结合,促使关系产生浪漫和外在吸引力的动机,也就是与"性"相关的动机驱力,属于爱情的动机成分;而承诺则包括短期和长期两个部分,短期的部分是指个体"决定"去爱一个人,长期的部分是指对两人之间亲密关系所作的持久性承诺,属于爱情的认知成分。

随着认识的时间增加及相处方式的改变,上述的三种成分将有所改变,爱情的三角形会因其中所组成元素的增减,其形状与大小也会跟着改变。三角形的面积代表爱情的质与量,如果面积愈大,据斯滕伯格的说法:"三角形越大,爱情就越丰富。"

斯滕伯格进一步提出:在三种成分下有八种不同的爱情关系组合,其分别为:亲密、激情和承诺都缺失的无爱;亲密程度高但激情和承诺非常低的时候,会产生喜爱;有着强烈的激情,但缺乏亲密和承诺是迷恋;只有承诺,没有亲密和热情是空爱;当程度高的亲密和激情一起发生时,人们体验的就是浪漫的爱。当两性之间的关系有亲密也有承诺,而缺乏性爱吸引时,彼此的关系已经升华为亲情式的信任和依赖,仿佛携手走过漫漫人生路的银发夫妇的伴侣之爱。缺失亲密的激情和承诺会产生一种愚蠢的体验,叫作虚幻的爱,比如一见钟情式的闪电结婚;当亲密、激情和承诺都以相当的程度同时存在时,人们的体验才是"完全的",称作圆满的爱。

(二)依恋风格理论

心理学研究认为婴儿时期与人建立的依恋关系,会使个体形成一个持久且稳定的人格特质,这项特质对个体在与异性建立亲密关系时自然流露出来。他们认为童年的人际亲密关系对后来的爱情互动形态可能有因果的关系存在。

心理学家 Hazan 和 Shaver 将成人的爱情关系视为一种依恋的过程,即伴侣间建立爱情连结的过程,就如婴幼儿在幼年时期与双亲建立依恋性情感连结的过程一般,他们根据三种婴幼儿倾向,提出爱情关系的三种依恋风格,即安全型依恋:与伴侣的关系良好、稳定,能彼此信任、互相支持;逃避型依恋:害怕且逃避与伴侣的亲密;焦虑或矛盾型依恋:时常具有情绪不稳、极端反应的现象,善于忌妒且希望跟伴侣的关系是互惠的。

Hazan 和 Shaver 研究发现,三种不同的爱情依恋风格在成人中所占比例分别为安全依恋约占 56%,逃避依恋约占 25%,而焦虑/矛盾依恋约占 19%,与婴儿依恋类型的调查比例相当接近,而且成人受试者的爱情依恋风格,可以从他们对其与父母关系的主观知觉来加以预测。因此他们认为成人的爱情依恋风格,可能是从婴幼儿时期就开始发展的一种人际关系取向。

(三)进化心理学

进化心理学家从进化论角度对人类的择偶观和择偶行为进行了研究。这种取向的观点认为,人类的择偶观和择偶行为具有进化基础。最有代表性的是 Buss 提出的性策略理论。该理论认为,在历史发展过程中,男性、女性为了获取资源或配偶而赢得最终的生育成功,他们各自面临着不同的"适应性问题",在解决各自不同的问题的过程中,出现了不同的择偶偏好或行为方式。从理论上讲,男女分别进化了不同的"性策略",有短期性策略和长期性策略。Buss 等人,对此进行了大量的实证研究。他们的研究发现在不同的种族和人群中,尽管存在着地理位置、文化、种族和宗教信仰等方面的巨大差异,所有的男性比女性更强调未来配偶的身体吸引力和年龄较年轻,而女性比男性则更重视未来配偶的经济能力、雄心和勤奋等特征。

(四)爱情投资模型

Rusbult 从社会交换的角度来研究人类的爱情关系,他认为恋爱就是一种投资,双方在爱情互动过程中各有得失,个体在与他人发展爱情关系的时候会以一种理性的方式评估自己的得失,然后根据成本与收益的情况,来确定与对方建立一种什么样的关系。根据投资模型的预测,个体在亲密关系中,如果满意度较高、替代者的质量较低,而且随着投资量的增加,会使个体做出较多的承诺,彼此的关系将更为稳固。

⏱ 心理小贴士

爱情匹配的原则是"相似说"还是"互补说"?

社会心理学中的"相似说"认为,个体倾向于寻找与自己"相似"的另一半;而"互补说"则认为,人们更倾向于寻找一个与自己在各个方面能形成有效互补的伴侣。那么,爱情伴侣选择和匹配的原则究竟是什么呢?有学者通过对大学生进行采访发现,大学生更倾向于寻找与自己"共享故事"的人,或至少与自己的故事大致相似的人,而不是总去寻找正如自己的人。个体寻找的那些人,从一个层面看与自己是相似的,从另一个层面看与自己又是有差异的。因此,爱情的选择和匹配原则不是单纯的"相似说",或者"互补说",而是由个体自身内在的"爱情图式"来决定的。

第二节 大学生常见的恋爱问题

爱情是人们幸福生活中不可缺少的一部分,真正的爱情对社会道德进步、文化水平的提高和整个精神文明的发展产生着巨大的推动作用,对于知识层次、思想修养较高的大学生而言,向往和追求美好的爱情是无可非议的,他们的青春岁月需要爱情的点缀,才会更加精彩。

一、恋爱对大学生心理发展的影响

恋爱对大学生来说是一把双刃剑,一方面它帮助大学生心理发展走向成熟,另一方面它又带来各种心理问题。

(一)恋爱对大学生心理成熟的促进作用

恋爱能满足大学生情感发展的需要。很多大学生,尤其是年纪小的大学生,初次较长时间离开父母、家庭,他们的情感世界出现了"饥荒",孤独、空虚随之产生,接下来也就自然地在大学生活中寻找感情的交流和满足,这时,"爱情"对于这些渴望情感寄托的大学生来说,是无法抗拒的。恋爱也是大学生释放日益强烈的性冲动的重要途径。大学生正处在性机能旺盛时期,容易引起性欲,产生性冲动。但常常会因性冲动带来许多困扰。

恋爱可以加速大学生社会化的进程。大学生谈恋爱,大多数的终极目的是为了婚姻与家庭。人们通过婚姻与家庭,从而达到社会化的目的。而且,恋爱中双方关系的协调、各种矛盾的解决,都会不断丰富男女大学生的生活经验,促使双方在心理上趋于成熟。同时,恋爱中的男女大学生为了获得异性的爱,提高自己在对方心目中的形象,总是力图完善自己、丰富自己,爱成了一种积极的内在动力,升华了人格,形成了一种良性循环,最终促进人格的成熟。

(二)恋爱对大学生心理发展的消极影响

恋爱对大学生的身心健康也有消极的影响,例如影响学业的完成。恋爱需要时间和精力,若处理不好恋爱与学业的关系,则会影响学习、耽误学业,这将造成大学生更重的心理负担;影响人际关系。因为恋爱具有排他性,若处理不好爱情与友谊的关系,将带来人际关系处理上的烦恼;影响心理健康。处在热恋中的大学生会为一些小事而极度高兴或极度烦恼,这都会带来高度的心理紧张,持续的心理紧张对心理健康是不利的。如果发生婚前性行为、同居怀孕等问题更会给双方带来过重的心理负担。另外,恋爱受挫后会给人带来极大的痛苦,失恋的大学生身心都会受到沉重的打击,有的人还会失魂落魄,觉得人生意义不复存在,甚至走上轻生的道路。

案例讨论

爱怎么成了负担?

我和男友从高中开始交往,感情一直挺稳定,高中毕业后考入不同省份的大学,刚开始,我们各自忙于全新的生活而没有觉察到分离带来的思念,并且以"距离产生美"来相互安慰。但半年后,我慢慢发现原来自己非常不适应他不在身边陪伴的日子。我想找一个实实在在陪伴我的人,在我开心的时候他能够分享我的快乐,难过的时候可以安慰我,但是因为距离,这一切都成为了奢望。而且我们一个月才见一次面,有时候打电话也比较困难。现在我们的沟通似乎充满了不理解和不信任,争吵成了每次通话的主要内容。为此我非常苦恼,不明白为什么他不理解我?为什么连一点小小的要求他都做不到?或者他已经另有新欢,不再爱我了?有的时候甚至会失眠,也影响了学业。我内心真的很痛苦,也想过放弃这段感情,可是想起之前的点点滴滴,又有很多不舍。我很困惑,感情真的能做到"两情若是久长时,又岂在朝朝暮暮"吗?

二、当代大学生恋爱中常见的问题

(一) 单恋

单恋是指一方对另一方的以一厢情愿的倾慕与热爱为特点的畸形恋爱,是青少年"爱情错觉"的产物。单恋是一种具有臆想性的恋爱情结和幼稚的行为方式,会令人沉浸在幻想的情爱中而不能自拔,如果不及时纠正,可能严重影响人的知觉和理性判断,甚至形成精神错乱。

(二) 暗恋

暗恋常见于性格内向的大学生。暗恋具体表现为不表露内心的体验,被爱对方根本不知道有这回事,甚至对方还不认识自己,而自己执着地恋着对方。暗恋者往往对所恋对象朝思暮想,遇见时又表现出紧张回避的态度,形成痛苦、压抑、焦虑、失望等不良情绪,严重者影响生活和学习。

（三）多角恋

所谓多角恋，是指同时与多个异性建立恋爱关系，企图同时占有数个异性的感情而玩弄爱情游戏。多角恋爱历来被认为是典型的爱情不专一，朝三暮四，视爱情为游戏，把自己的幸福建立在牺牲他人感情的基础之上的行为。

（四）失恋

恋爱不一定都是成功的，有恋爱就有失恋，失恋是恋爱过程的中断、结束，即爱情挫折。无论是什么原因产生的爱情挫折对大学生的心理、生活、学习都将产生严重的影响，越是热恋，越是看重爱情的位置，失恋越痛苦，挫折感越强。失恋对每个人来说都是一件痛苦的事，有人一旦失恋就灰心丧气，整天愁眉苦脸，不思茶饭，走进死胡同而不会转弯，精神不振，有的甚至痛不欲生，走上自杀的道路；有的人在一次恋爱失败后，就再也不敢谈恋爱了，甚至不愿或不敢与异性接近、亲密。余悸在心，谨小慎微，沉默寡言，深居简出，把自我封闭起来；还有的是心理变态者，在大学生虽较为少见，但后果严重，值得注意。这些人在失恋后，会采取卑劣的手段去威胁或迫害对方，如写信进行人身攻击、恶意诽谤，更甚者使用武力或化学药品毁损对方容貌，直至行凶杀人。

三、爱情心理定律

（一）外在吸引与平衡法则

心理学的大量研究表明，男性喜欢年轻、在生理上有吸引力的女性，年轻貌美的女性在社会上比普通女性更具有优势，男人总是更青睐美女，更喜欢主动和她们搭讪并提供帮助。美国有一项针对本土高校的研究表明，女性的学历越高，往往导致她们结婚的可能性下降。女性比男性更倾向于可依靠、能挣钱、有抱负、事业心强的配偶，所以那些有地位、有经济实力或者有较高学历的男性，相对来说更容易受到女性欢迎。

因此，我们把男性追求年轻、漂亮、有性吸引力的异性，女性喜欢可靠、能挣钱、有抱负的异性的吸引模式统称为"男才女貌"的吸引与追求模式，心理学家通过跨文化研究发现，这种男才女貌的追求与吸引模式相当普遍，亚洲、欧洲、美洲等不同地区的男女都有这样的吸引与选择倾向，看来男才女貌的选择倾向是我们人类的天性使然。

（二）角色定势心理

爱情中性别角色的要求早已在我们的文化熏陶中成型。社会的要求不可避免地左右着我们对爱情双方的角色定义,支配着我们以应有的角色行为来表现自我。爱情来临时两个人都会对对方有所期许,这些对男人、对女人的概念最早是在家庭中形成的。通常孩子们是以自己父母的样式为榜样塑造着自我性别的形象。男孩会像父亲那样或威武或儒雅,女孩子会像母亲那样或贤淑或热情。有意无意中恋人们在两人的关系中会遵循着过去的家庭轨迹复演自己的爱情。因此往往来自于一个男尊女卑家庭的女性在组成自己的家庭时,很有可能又一次陷入男尊女卑的悲惨境地。因为在她的印象中家庭就是这样的,她所认同的女性角色是忍让和顺从。

拿破仑说过男人因征服世界而征服女人,女人因征服男人而获得世界。社会的两种性别心理行为定位使恋爱中的女人格外温柔,说话的声音哪怕平时大嗓门也会降低八度,保持"柔顺"的印象,恋爱中的女人会在不知不觉中改变,悍妇也会带上些许娇羞,向社会所要求的女人形象靠拢。恋爱中的男人会努力地锻炼体魄,显示雄健,最大程度地证明自己的男人气质。

(三)补偿心理

补偿心理是一种心理适应机制,补偿作用是指个体使用此机制来追求弥补真实或想象中的不如意部分。补偿心理应用到恋爱中,即为了满足恋爱中一方或双方的心理期望,另外一方或双方在某一方面给予对方补偿,从而在心理期望值的总量上达到平衡。通常一个人对他(她)想找的恋爱对象都有一个预期,这包括物质条件(富裕程度,社会地位等)、个人品质(性格,气质,理想信念,追求,智力等)、生理指标(身高,体形,体态,容貌等)等。恋爱中往往更多的是关注后两个指标,当要谈婚论嫁的时候,更多关注物质条件。校园中的恋爱很少涉及物质条件,但是这种恋爱注定是只开花不结果的,这就是为什么一到毕业,面临社会现实的时候,分手的居多。

完全符合对方各项期望值的恋人总是难以找到的,某些方面超过了期望,而另外一方面不满足期望,这样就产生了心理上的补偿,这种补偿机制使人在期望值总量上得到满足。比如某女生心目中的恋人标准是:高,帅,智力一般的男生。如果她遇到一个高个儿、容貌普通但是智力出众、性格很好的男生,如果这个男生追求她的话,那么对于女生而言也能得到心理上的满足,这时女生对男生的个人品质期望弥补了生理指标(容貌)的期望。真正持久的恋爱是两情相悦的,也就是恋爱双方的心理期望得到满足(补偿得到的或是完全满足期望得到的),有任何一方牵强的恋爱是不会持久的。

⏱ **心理小贴士**

为什么情人眼里出西施？

"情人眼里出西施"，这是热恋中的男女所共有的体验，为什么会出现这样的情况？心理学认为，当某个人被认为是好的时候，他就被一种积极的光环所笼罩，从而也就把其他好的品质赋予了他。男女之间产生了爱慕之情，在各自身上也会产生积极、美妙的，甚至是理想的光环。在这种光环笼罩下，不但恋人的外貌上、心灵上的不足被忽略了，甚至人为地被赋予了很多美好品质。恋爱中的小伙子会觉得心爱的姑娘是无比皎洁的月亮，被爱陶醉了的姑娘会觉得她爱恋中的小伙子简直是世上最热烈的太阳。就这样，双方都被理想化了，就形成了"情人眼里出西施"。

第三节　培养爱的能力

弗洛姆将爱分为两种形式：一种是不成熟的形式，即"共生有机体结合"，爱的双方互相需要，其一方主动，另一方被动，与"共生有机体结合"相对的是"成熟的爱"，真正的成熟的爱是建立在平等与自由的基础上的，它的本质是给予。爱除了有给予的要素外，还有关心、责任心、尊重和了解。弗洛姆认为爱是一门艺术，需要理论与实践相结合，同时把握艺术的灵魂才能更好地去爱。

一、选择爱的能力

培养爱的选择能力主要应了解大学生的择偶标准，并了解怎样的选择才能保证爱情的和谐发展。

择偶标准并不是一成不变的固定之物。许多大学生也并不完全按照一个既定的框架去筛选周围的异性。但对大多数人来说，根据自己的需要对理想恋爱对象定出一些主、客观条件还是必要的。我国学者孙守成等人根据大学生择偶的目标取向把择偶标准分为三类：

第一类是精神满足型，这类大学生选择恋人以理想、信念、价值、事业、能力等标准来衡量对方的水平，或以气质、性格、兴趣的相投作为共处的基本条件。他们对外貌、金钱、家庭背景等并不在意，而是以达到高层次的精神满足为标准。虽然这种高尚的择偶标准在今天的大学生中占大多数(约占80%),但注重精神不在乎其他条件,如社会地位、物质条件等的择偶标准还要经受住社会现实的考验。当大学生情侣离开校园走向社会,担当家庭责任的现实问题直接摆在眼前时,理想化的爱情能否维持还很难预测。

第二类是以获得纯粹感官满足为目的的爱情,它是一种对"情欲之爱"的追求。择偶者着重注意恋爱对象的外表(身材、皮肤、相貌)和风度的吸引力。这类爱情很难维持长久,原因在于天长日久的相处会使外表失去新鲜感而降低吸引力,这也是所谓的虚幻之爱。

第三类是以社会地位、经济条件等为标准,这就是所谓的现实之爱,其实质是一种相互交换、互惠的理性考虑。现实的择偶标准分为物质、虚荣和利用三种类型。物质型指以经济条件为追求目标,为满足物质需要而恋爱;虚荣型则看重地位、职位等荣誉性的东西;利用型择偶更具指向性,往往是为了达到一个明确目的,达到后则着手将恋爱对象抛弃。

三类择偶标准都是客观存在的,但纯粹持一种标准的人很少,大多数人择偶是在三种标准的混合中找出自己对理想对象的要求。

心理小贴士

失恋的玲玲

玲玲是一名大二女生,父母是中学教师,她聪明伶俐并且时尚漂亮,引来很多男生的追求,经过半年的比较和考验,终于在众多的追求者中选定了一名局长的儿子作为自己的男朋友,并且很快两人关系越来越近,最终放弃了少女的身份。就在玲玲准备拜见男朋友家人的时候,却得知他的家人根本不同意自己的儿子找了一个普通家庭的姑娘,并且已经挑选了另外一个领导的漂亮女儿,男朋友一方面摄于家庭的压力,另一方面也被那位姑娘吸引,最终放弃了玲玲,结束了这场持续半年的恋爱。玲玲面对这样的结果,身心憔悴,但是又不愿意在朋友面前表现出自己是个失败者。痛苦虽然被暂时隐藏起来,但是玲玲再也无心学习,也没有参加学校活动的兴趣,生活状态越来越差。

二、表达爱的能力

当你爱恋上某一异性后,不去向他(她)表达爱,对方不明白你的感情,不会作出回应,那么你很可能会陷入单相思。若你的表达不能恰到好处,对方也不会有满意的回应。怎样恰到好处地表达爱意呢？最重要的是要准确地把握对方的性格特点和心理状态，并根据自己的特点，选择最佳的表达时机和恰当的表达方式。

选择最佳时机，即首先要选择对方和自己都处于好心情的时候，双方关系十分融洽，情绪轻松愉悦。然后应选择合适的地点，即一个能私下面谈的地点，一个不会给对方和自己造成心理紧张和不适的地点。

选择恰当的方式，即选择你自己最擅长，对方又最容易接受的表达方式。求爱的表达方式多种多样，面对面的语言表达、书信表达、电话表达、网上聊天表达、信物表达都可以选择。

男女间的爱情达到一定程度，渴望用语言、行为，尤其是身体的接触来表达自己的感情。马克思曾说过："在我看来，真正的爱情是表现在恋人对他的偶像采取含蓄、谦恭甚至羞涩的态度，而绝不是表现在随意流露热情和过早的亲昵。"含蓄而文明的爱的表达方式，不仅符合社会道德要求，而且有助于爱情的健康发展。距离产生美，过分亲昵的行为，粗俗甚至野蛮的示爱，反而会引起对方的反感，给纯洁的爱情蒙上一层阴影，甚至造成恋爱挫折。

特别要提醒同学们的是，在热恋中表达爱，一定要防止和抵制婚前性行为。婚前性行为对大学生恋爱有百害而无一利。一旦发生婚前性行为，将使爱情的美好神秘感荡然无存，会给爱情蒙上不洁的阴影，产生互相猜疑和不信任；也可能导致未婚先孕，其社会压力会使当事者感到自卑和羞辱；它还是不道德者玩弄女性的惯用伎俩，玩腻了之后便会抛弃女性另寻新欢。总之，在中国这样的传统文化社会，婚前性行为是社会文明和校规校纪所不容许的，也会受到社会、家庭的指责。更重要的是一旦发生性行为，当事双方都会因此承受很大的心理压力，精神负担加重，尤其是女方。因此，大学生要理智地恋爱，防止和抵制婚前性行为。热恋中的男大学生要以对恋人的高度负责感把握住婚前婚后的界限；女大学生要对自己负责，筑牢心理防线，要懂得保护自己，不要"奉献"得彻头彻尾，以便始终牢牢掌握爱情、婚姻的主动权。

三、接受爱的能力

大学生不仅要勇于、善于追求爱，掌握表达自己爱的能力，还要学会如何接受他人给予的爱。很多人没有充分的心理准备，当爱突然来临时，显得惊慌、不知所措，不敢接受属于自己的爱，以致造成终生的悔恨。爱是双向的，不仅仅是付出，同时也是收获。一个人只有领悟到了他人的爱，才有可能给他人以更大的爱。一个人面对异性的爱情表白,及时准确地作出判断,并作出接受、谢绝或再观察的选择,这也是一种爱的能力。缺乏这种能力的人,或是匆忙行事,或是无从把握。大学生要具有接受爱的能力,就应懂得爱是什么,有健康的恋爱价值观,知道自己喜欢什么,需要什么,适合什么;就应对自己、他人和集体保持敏感和热情;就应主动关心他人、热爱他人;就应能及时准确地对爱的信息作出判断,坦然地作出选择,能承受拒绝求爱所引起的心理扰乱。

四、保持爱的能力

在磨合期中,过去对方最吸引你的特质,现在却成为让你最受不了之处。过去你欣赏他的沉静、理智,现在却认为是沉默愚昧、不解风情。过去爱他的自信果断能给你安全感,现在却成了自我中心,事事都要主宰。如果正好相反,过去女方爱上的是他的细腻温柔,那么进入磨合期中,她很可能就要抱怨他缺乏男子气概。同理,如果过去男方被她的情感丰盈、活泼伶俐所吸引,现在就巴不得她停止"歇斯底里",唠叨不停。在蜜月期中,人人都以为找到了完美的梦中人,在磨合期中却发觉自己过去瞎了眼才会爱上这个对象。

在磨合期中,我们都想努力改造对方,要对方变得完美,像自己心中所订之"理想形象"一样,这是亲密关系中痛苦最大的来源。因此我们应该理性面对恋爱中的矛盾和冲突,用实际行动解决在恋爱中遇到的困难和挫折,同时学会包容彼此,降低期望,改善自身缺点,做到"己所不欲,勿施于人"。

五、拒绝爱的能力

每个人都有爱和被爱的权利,每个人又都有拒绝被爱的权利。当别人追求你,而你觉得对方不是你所需要的那种人时,要理智地加以拒绝,以免陷入更深的痛苦。拒绝爱要注意两个方面:一是在并不希望得到的爱情到来时,要果断、勇敢地说"不",因为爱情来不得半点勉强和将就。如果优柔寡断或屈服于对方的穷追不舍,发展下去对双方都是不利的;二是要掌握恰当的拒绝方式。虽然每个人都有拒绝爱的权利,但是珍重每一份真挚的感情是对他人的尊重,同时是对一个人道德情操的检验。不顾情面、处理方法简单轻率,甚至恶语相加或将对方的情书公开,会使对方的感情和自尊心受到伤害,这些做法是很不妥当的。

如果在恋爱过程中,发现双方在一起并不合适,应当立即提出分手。分手是痛苦的,若处理不当,容易造成不良的后果。要选择适当的时机提出中止恋爱,本人直接果断表明态度,不留余地,不给对方任何幻想。要用委婉的语言,以免伤害了对方。要充分地分析对方可能会出现的情绪和行为,并做好相应准备。例如,对方可能会觉得受到了侮辱和欺骗,这时提出分手方要冷静,避免轻视、刺激对方,以免产生报复行为。有时,类似这样的语言能起到一种镇定作用:"我知道,你很爱我,但爱是一种牺牲。如果你对我的爱是真心,就要考虑我的幸福,放我走,因为这样我才快乐,只有我们分手,才能证明你是在真的爱我。"恋爱中止后,不说对方的坏话,不损坏对方的名誉,这都是有恋爱道德的表现。

六、处理恋爱中争吵的能力

没有人会真正喜欢与别人吵架,争吵既无助于矛盾的消除,又有害于双方的情感联系。激烈的争吵所导致的负面情绪,还会危害人的身体健康。但恋人之间的争吵是不可避免的事,必须妥善处理。处理不好,伤害感情;若处理得好,可以增进互相了解,增进感情,所谓"不打不相识""不吵不相爱"就是这个道理。

学会争吵,首先应当从内心确立这样的观念:人与人之间的矛盾、冲突可以依靠理智加以调和、消除,不是无法解决的。因此,当恋人之间发生矛盾时,要尽量局限在以理智为主导的争论范围内,避免演化为以情绪为主导的争吵。如果你能够冷静地倾听对方、让对方充分地表达,并且能设身处地地理解对方的看法、情感与动机,那么你就掌握了主动。在争吵中,你可以既坚持自己正确的方面,又承认自己确实存在的局限与谬误之处。在言语上尽量准确、具体地描述自己的见解、动机、情感体验,批评对方时有理有据、对事不对人。这样才可能创造出一种平等的、互相尊重的、不为争面子而为了真正解决问题的气氛,双方才能尽快地沟通、和解。

其次要学会主动妥协。双方在经过一番争论之后,要提出可行的解决办法。这个办法应当最大限度地有利于双方、被双方所接纳。双方的所有要求与愿望并不能总是全部得到满足,在得到一些的同时不得不放弃另一些。这时就需要双方学会放弃,本着务实的态度容忍小部分利益或优势的丧失,保证大部分的利益在新的关系中得以保存。这种相互间的妥协十分必要。而且恋人之间的争吵,要会主动妥协,这样对方便会心软,争吵可能很快就平息了。

再次要注意保密。既然两人相爱,争吵又是在"二人世界"中进行的,争吵后就应注意保密。不要到同学朋友中去炫耀以满足自己的虚荣,这样容易引发对方的不满。

七、提高失恋的承受能力

恋爱中遭遇挫折是常有的事，单相思、爱情错觉和失恋等挫折对大学生的心理承受能力是一种考验。当爱情受挫后，要用理智来驾驭感情，分析原因，总结经验教训，寻找解决问题的方法和途径，在新的追求中确认和实现自己的价值，从而提高自己的心理承受能力。要做到失恋不失德、失恋不失态、失恋不失志。失恋不失德，即失恋后要保持恋爱道德。失恋是不幸的，但恋人做不成，还可做朋友。那种谩骂、殴打、在网上恶意攻击、造谣诬蔑或者将两个人之间的隐私公之于众的做法是极其错误的，有的还须承担法律责任。面对恋爱挫折，首先要冷静分析、理智处理、尊重对方的选择。失恋不失态，即恋爱受到挫折后，保持一种平和、理性的心态，不能一蹶不振，老是想着被异性拒绝的充满悲伤的情景而整天垂头丧气，把自己搞得失魂落魄。如果是这样，只会离爱情越来越远。失恋不失志，即失恋不能丢掉理想和志向，应当把人生的主要精力投入到事业上。对于大学生来说，树立"留得青山在，不怕没柴烧"的观念，尽早从痛苦中解脱出来，在追求事业中寻求新的乐趣，提高承受挫折的能力，就会使人生更加丰富、充实和有意义。此外，一旦爱情受挫，可尝试以下办法迅速地释放痛苦：

1. 感情宣泄

不要过分地隐藏或压抑失恋带来的痛苦，要找适当的方式进行宣泄。通常宣泄的方法有：① 眼泪缓解法。在悲痛欲绝时大哭一场，可以使情绪平静。专家认为，眼泪能把有机体在应激反应过程中产生的某种毒素排出去。② 运动缓解法。剧烈的体育运动有助于释放激动情绪带来的能量。③ 转移注意。心情不佳时，可以做些自己感兴趣的事。主动置身于欢乐、开阔的环境，或有意识地潜心于自己感兴趣的事情中，用新的乐趣来冲淡、抵消旧的郁闷。恩格斯 20 岁那年曾经失恋，为尽快解脱失恋痛苦，他开始了翻越阿尔卑斯山到意大利的旅行，沿途雄伟的山川，广袤的原野，使他心胸格外开阔，认识到世界如此宏大，生活如此多彩，自己的痛苦不过是沧海一粟，很快走出了失恋。④ 倾诉。向可以信任的师长、同学、朋友、老师等诉说自己心中的烦恼，也可以写日记或写信。如果感觉心中的积郁实在太深，无法排解时，也可以找心理咨询师进行心理咨询。

2. 合理化

针对失恋,应该通过自己跟自己辩论的方式,有意识地在头脑中强化理性的信念。如"天涯何处无芳草,你不同意就拉倒;失恋不等于我整个人都是失败者,我仍具有爱的能力;一个人不爱我不等于其他人都不会爱我;此处不留人,自有留人处;爱情并不等于人生的全部;人间自有真情在;本来我还看不上你呢,这样反而干脆;吃一堑,长一智;士别三日,当刮目相看;痛苦并非一无是处,痛苦的经验可以帮助人成熟,就权当是缴学费而已;天要下雨,娘要嫁人,随他去吧"等。

3. 正视现实

爱情是双向的、相互的,以互爱为基础,失去任何一方,恋爱即告终止。作为一个有理智的大学生,应勇敢地正视这个严酷的现实,爱情不是同情、怜悯,更不是强求。爱情不是生活的唯一生活内容,又何必为他耗费所有精力甚至抛弃宝贵的生命呢! 在生活中还有比爱情更重要的内容。

4. 换位思考,宽容对方

一般说来,恋爱关系的终止双方都负有一定责任。如果认清并勇于承担自己的那部分责任,就不会怨天尤人,而是平心静气地面对现实。设身处地为对方着想,这样的结果,将有助于理解对方终止恋爱关系的原因,有助于接受失恋的现实。即使确实是对方对不起你,但残酷的报复又能挽回早已消逝的爱情吗?毁掉了别人,同样毁掉了自己的毕生幸福!为一个不爱你的人付出这样大的代价是否值得? 当初对待恋人如"春天般的温暖",而现在这般无情地待他(她)何必呢? 要是真正爱对方,就应当为对方着想,尊重对方的选择,苦苦纠缠不休,即使对方勉强回头,也可能是强扭的瓜不甜了。何况"爱情不成友谊在",爱一个人,并不一定要得到对方,默默地把这份感情埋在心底,化作真诚的友谊,这也是高尚而美好的情怀的表现。莎士比亚说:当爱情的波涛被推翻后,我们应当友好地说一声"再见"。

5. 化挫折为动力

当把爱的痛苦转化到对事业、学业上的追求时,就是无比巨大的力量,就会创造辉煌的业绩,实现自身价值,获得心理的快慰。"天生我材必有用",你是教师,你就应该继续站在讲台上传道授业解惑;你是学生,你就应该努力学习……你已经失去了一次爱情,难道你还要因此而失去生活的目的和意义吗?任何时代都有人饱尝失恋的痛苦,甚至大部分人都要经历失恋的痛苦才能获得真正的爱情。其实,经过失恋的洗礼,他们变得更加坚强,更加成熟,更加懂得怎样去追求真正的爱情。居里夫人也正是在初恋失败的痛苦中，毅然走上赴巴黎求学的道路，成为科学巨匠的。因此她的初恋失败被后人称为"一次幸运的失恋"。

6. 时间是治愈心理创伤的良药

已经发生的不能回头，那么就微笑接受它好了。这并不是说，当你心里实在不舍从前情深意浓的美好感觉时，你一直是束手无策的。你不必着急，也不必绝望，痛苦会随着时间的流逝不知不觉地慢慢消散。

爱情的失败是人生的一次挫败，但人不能被爱情击败。生活中还有比爱情更值得我们追求的东西，这就是事业。在事业的奋斗中我们将会忘却失恋的痛苦，升华我们的人生价值。"莫愁前路无知己，天下谁人不识君"，幸福的大门总会向热爱生活的人敞开。

淡化失恋的痛苦，弥合心灵的创伤，从而走向新的生活。有道是"塞翁失马，焉知非福"。把这次经历当作一份疼痛又弥足珍贵的礼物，在珍藏过去美好的同时，珍惜和创造下一次更美好的情感体验。总之，失恋是痛苦的，但是只要失恋者失恋不失志，从失恋中奋起，那么，不但可以避免失恋后的心理失衡，而且可以使自己进步成长得更快更好。

八、理想的爱情生活模式

爱情故事不同于以往的爱情观，它更多的是涉及在亲密关系中的具体行为模式、信念。爱情故事可以帮助我们更好地理解和提升我们与恋人之间的关系，以及使亲密的联系变得不再困难。我们每一个人都有一个关于爱情的理想故事，或许这也是可以帮助我们了解自己的最重要的东西。有时候，不同的人对相同的事件或行为有不同的解释，因为他们都是依据自己的故事来解释的。研究发现大学生的理想爱情生活模式有以下特点：

（一）理解与包容

包容从长远来看，是促使关系顺利发展的不可缺少的因素。在短暂的关系中，我们能够视而不见甚至感到很有个性的缺点，等到长期相处时就会变得难以忍受。大部分人都认为理想的恋人应该能够相互理解与包容，只有这样才有助于关系的长久与融洽。

（二）平等相处

随着时代的发展与社会进步，古代男尊女卑的观点似乎已经过时，夫唱妇随似乎也不再适合现在的年轻人,大学生尤其是女大学生谈到在恋爱中期望如何与恋人相处时,她们大都希望彼此能够平等相处,互相尊重,不希望自己受制于对方。

(三)空间与距离

谈到爱情,往往人们想到的是恋人们亲密无间的相处,无时无刻不在一起的甜蜜生活。其实爱情也有一个量,爱得适当是一种甜蜜,爱得过多,爱得没有距离,爱得没有自由,爱就会变成一种痛苦。爱情是渴望独立、渴望距离的,因为除了爱情之外,人们还有亲情、友情、同事之间的情感需求和支持。爱情的独立是建立在对爱人充分信任的基础上的。只有这样,爱情在超越时空时才经得起考验;在长相厮守时,才不会出现时时刻刻把对方置于自己的视线下,整天像葛藤一样缠着爱人。研究发现大学生在面对爱情时还是很理智的,他们知道爱情中彼此是需要空间的,并且他们也期望自己在与恋人相处时彼此能够独立。

(四)平淡中有浪漫

浪漫是爱情中不可缺少的元素,但浪漫也要建立在现实的基础上,平平淡淡才是真。浪漫是平淡生活中不可缺少的调味剂,有了它,平淡的生活才会过得有滋有味。浪漫就好比做菜加糖一样,放一点点很提味,加了太甜,反而失去了本味。现实的生活需要浪漫的点缀,这样的生活才显得丰富充实。我们时常会有些简单的梦想,如童话般不可实现,但总希望有短暂的拥有,对感情的至纯追求,让梦想与现实美丽地延续下去,这样的追求本身就是对幸福生活的向往与经营。整天过着柴米油盐的日子,想必谁都会厌倦,因此,就需要偶尔地反常规,花心思地反常规,或一束玫瑰,或一份小小的礼物,或一个拥抱,或一句温柔的话语,都不要吝啬。不要忘了在平淡如常的生活中,给你的爱人一点惊喜。在现实平淡的生活中增添一些浪漫的色彩,让爱情更加美丽动人。

(五)真诚付出

相爱也是一种付出,是无怨无悔、心甘情愿、无所索求地为心爱的人付出一切。爱情归于平淡后的生活是朴实无华的,它像炉火,能给你一生的温暖。它没有耀眼的光芒,没有炽烈的火焰,但它却让你心静如水,让你舒适。一直生活在象牙塔里的大学生对自己的爱情充满着美好的期许,他们不会过多地苛求金钱物质方面的给予和索取,而是默默为对方付出,为了两个人的爱情牺牲自己的利益。

课后小资料

恋爱态度测试

指导语:下列题目均有 A、B、C、D 四个选项,每个选项后的括号内有项目的得分(0~3分),请在每题中选择一项你认为最适合的填在题后的括号内。

(1) 你对未来妻子要求最主要的是(男性选择):(   )

　　A. 善于理家做活,利落能干。(2)

　　B. 容貌漂亮,风度翩翩。(1)

　　C. 人品不错,能体贴帮助自己。(3)

　　D. 顺从你的意思。(1)

(2) 你对未来丈夫要求最主要的是(女性选择):(   )

　　A. 潇洒大方,有男子风度。(1)

　　B. 有钱有势,社交能力强。(1)

　　C. 为人诚实正直,有进取心,待人和蔼可亲。(3)

　　D. 只要他爱我,其他都不考虑。(2)

(3) 你认为完美的结合应是:(   )

　　A. 门当户对。(1)

　　B. 郎才女貌。(1)

　　C. 心心相印。(3)

　　D. 情趣相投。(2)

(4) 对最佳恋爱时间的考虑是:(   )

　　A. 自己已经成熟,懂得人生的意义和爱情的内涵,并且确定了事业上的主攻方向。(3)

　　B. 随着年龄的增大,自有贤妻与好丈夫光临,"月老"不会忘记每个人的。(2)

　　C. 先下手为强,越早越主动。(0)

　　D. 还没想过。(1)

(5) 你希望自己是怎样结识恋人的?(   )

　　A. 青梅竹马,情深意长。(2)

　　B. 一见钟情,难分难舍。(1)

　　C. 在工作和学习中逐渐产生恋情。（3）

　　D. 经熟人介绍。（1）

（6）你认为推进爱情的良策是：（　　）

　　A. 极力讨好取悦对方。（1）

　　B. 尽力使自己变得更完美。（3）

　　C. 百依百顺，言听计从。（2）

　　D. 无计可施。（0）

（7）你希望恋爱的时间是：（　　）

　　A. 越短越好，最好是"闪电式"。（1）

　　B. 时间依进展而定。（3）

　　C. 时间要拖长些。（2）

　　D. 自己无主张，全听对方的。（0）

（8）谁都希望完整全面地了解对方，你觉得了解他（她）的最佳途径是：

（　　）

　　A. 精心布置特殊场面，连连对恋人进行考验。（0）

　　B. 坦诚相待地交谈，细心地观察。（3）

　　C. 通过朋友打听。（2）

　　D. 没想过。（1）

（9）你十分倾心的恋人，随着时间的推移，暴露出一些缺点和不足，这时候你：（　　）

　　A. 采取婉转的方式告知并帮助对方改进。（3）

　　B. 无所谓。（1）

　　C. 嫌弃对方，犹豫动摇。（0）

　　D. 内心十分痛苦。（2）

（10）当你初踏进爱河之中，一位条件更好的异性对你表示爱慕时，你于是：（　　）

　　A. 说明实情。（3）

　　B. 对其冷淡，但维持友谊。（2）

　　C. 瞒着恋人和其来往。（0）

　　D. 听之任之。（1）

（11）当你久已倾慕一位异性并发出爱的信息时，你忽然发现他（她）另有所爱，你怎么办？（　　）

A. 静观待变，进退自如。(2)

B. 参与角逐，继续穷追。(1)

C. 抽身止步，成人之美。(3)

D. 不知道。(0)

(12) 恋爱进程很少会一帆风顺，而你对恋爱中出现的矛盾、波折怎样看？
(　　)

A. 最好平顺些。既然已经出现了，也是件好事，双方正好趁此了解和
考验对方。(3)

B. 感到伤心难过，认为这是不幸。(2)

C. 疑虑顿生，就此提出分手。(1)

D. 没对策。(1)

(13) 由于性情不合或其他原因，你们的恋爱搁浅了，对方提出分手。这
时候你：(　　)

A. 千方百计缠住对方。(1)

B. 到处诋毁对方名誉。(0)

C. 说声再见，各奔前程。(3)

D. 不知所措。(1)

(14) 当你十分依赖的恋人背信弃义，喜新厌旧，甩掉你以后，你怎么办？
(　　)

A. 当自己眼瞎认错了人。(2)

B. 你不仁，我不义。(0)

C. 吸取教训，重新开始。(3)

D. 痛苦得难以自拔。(1)

(15) 你爱途坎坷，多次恋爱均告失败，随着年龄增长进入"老大难"的行
列，你：(　　)

A. 一如从前，宁缺毋滥。(1)

B. 讨厌追求，随便凑合一个。(1)

C. 检查一下选择标准是否实际。(3)

D. 叹息命运不佳，从此绝望。(0)

(16) 你认为恋爱作为人生一个极其重要的环节，其最终所达到的目的应
当是：(　　)

A. 找到一个情投意合的爱侣。(3)

B. 成家过日子,抚育儿女。(2)

C. 满足性的饥渴。(0)

D. 只是觉得新鲜有趣儿,没有明确的想法。(1)

结果说明:将你所选字母后的数字相加,总分在 42 分以上说明你的恋爱观正确,总分在 33~41 分之间说明你的恋爱观基本正确,总分在 32 分以下说明你的恋爱观需要调整。

爱情价值观测试

一艘船遇上了暴风雨,沉了。船上有 5 个人幸运地分别上了两艘救生艇。一艘艇上有水手、姑娘和老人;另一艘有姑娘的未婚夫和他的亲戚,两艘船都分别去了两个荒岛。

姑娘在岛上惦记着她的未婚夫,千方百计地想找他,但一点线索都没,有一天,她发现大海中有另一个小岛,于是请求水手把救生艇修理一下,带她去那个岛找她的未婚夫。水手答应了姑娘的请求,但是提出了一个条件,就是姑娘必须和水手睡一夜。陷入两难的姑娘不知道如何是好,于是去请求老人给他一些建议。了解了姑娘的情况后老人对姑娘说:"其实对于你来说,怎么做正确,怎么做错误我实在不能说些什么。你扪心自问,按你的意愿去做吧。"姑娘万般无奈,但又寻夫心切,于是答应了水手的要求。

第二天水手也履行了承诺,把艇修理好,带姑娘去了另一个岛找她的未婚夫。远远地,她就看到了岛上未婚夫的身影,不顾船未靠岸,姑娘就冲了过去,拼命往岛上跑,一把抱住他的未婚夫。在未婚夫温暖的怀抱中,姑娘犹豫着是否该向他坦白昨晚自己和水手的事。思前想后,她最后还是告诉了未婚夫。未婚夫听后勃然大怒,一把推开了她,并吼她说:"我再也不想见到你了。"然后就跑走了。姑娘伤心地在海边走,见到了她未婚夫的亲戚。这时,亲戚走过来安慰姑娘说:"我看到你们俩吵架了,有机会我会帮你在他面前说说的,在这之前,让我来照顾你吧。"而姑娘的未婚夫一直没原谅她,最后姑娘也因为报答这位亲戚的悉心照顾而和亲戚结婚了。

请按照自己对故事中的几个人物的好感度,从很有好感到没有好感排一个顺序,然后再看后面的答案!

首先,这个测试没所谓的正确答案,其实所有的心理测试都没有正确答案,纯粹都是探讨一下一个人的心理状况,探讨一下大家的价值观。

在故事中,不同人物行为的现实性:

姑娘—理想主义,她是一位很明白自己为何活着的人。她知道自己内心的真实需要,不管这个需要是好是坏,会产生什么影响,她都会去实现,甚少考虑各种不同的情况。她对自己的认识是很清晰的,而且对自我的表达也是很主动和直接的,她是自我中心型人格的典型代表人物。

水手—实用主义,他是故事中唯一掌握技术、可以掌控当时环境的人。这是他本身的个人优势。而他利用自己的优势去做了一场交易(他并没有强迫姑娘)。水手是属于能很好地运用个人能力去达到目的人。(通常大家把他评价得那么差,完全是因为那个交易和现在的道德观不同有关。)

老人—现实主义,他比较中庸,但不会把个人意志强加于他人身上,更多地是去引导别人认识自我。具有相当的人生经验,能把事情看清看透,比较符合心理学家的人格要求。

未婚夫—务实主义,他是很坚守个人立场的人,而且不容轻易转变。

亲戚—机会主义,他是很会把握机会的人,讨厌他的人觉得他是乘虚而入,而喜欢他的人会认为他并不是抢亲,也未至于乘虚而入。对方男未婚女未嫁,自己都依然是有机会的,而他只是好好地把握了这一机会。

第七章　大学生的压力、挫折及应对

案 例 导 入

　　林小菊,女,19岁,某高校林学专业二年级学生。出生于一个偏僻的农村,能到省城上大学,小菊感到万分高兴。到校后,学习刻苦、成绩优异,大一时被评为三好学生。随着年龄的增长,对异性的爱慕与日俱增,盼望能与自己心仪的男生相恋。当她对自己心仪的男生表白时,遭到婉言拒绝。寒假时她忍不住又写了一封信给那位男生,但他已和同学一同返校了,他的哥哥便把这封信原封不动地"加快"转寄到学校来了。信到校后,同寝室的同学以为他家里出了什么事,便拆开了信。此事被公开。消息一传出,原本内向、忧郁的小菊,心情更沉重了,觉得丢了面子,为此,她整天郁郁寡欢,萎靡不振,夜不能寐。看见同学们在一起说笑,她就以为是在取笑她,她便上前解释,可又说不明白,搞得"满城风雨"。由此心情更加沉重,经常剧烈头痛,胸中憋闷,度日如年,无法集中精力学习,最终产生自杀念头。她写信给系领导、父母、同学之后,便吞了大量的安眠药。幸好老师、同学发现及时,送到校医院抢救过来。

【案例分析】

　　当求爱被拒绝后,小林一方面感到自己的行为有愧于父母,另一方面感到自尊心受到创伤,因此在同学中抬不起头,产生了焦虑、抑郁情绪,甚至轻生自杀。事实上她追求自己的幸福、向心仪的恋人勇敢表白,这是大胆追求爱情的表现,并没有什么过失,也没有错,不应该自责。但是,爱情是相互的,几乎每个人都有过表白被拒后的尴尬,得不到一个人的爱情,不等于失去美好的爱情。"天涯处处有芳草,何必单恋一枝花。"居里夫人19岁时曾爱上了一位英俊而富有的大学生,那位大学生无法挣脱父母的反对,使居里夫人不得不承受失恋的痛苦。居里夫人当时也很痛苦,但她马上理智地控制了自己的感情,失恋而不失志,集中精力投入到科学研究之中,获得了新的科学发现,也由此获得了新的爱情。

有一句谚语说:"如果你拒绝了失败,实际上你就拒绝了成功。"所以,不应该把挫折看成是一种打击,而要把它当成是一次考验、一个磨砺的机会。谁能够冷静地看待挫折,谁就能够勇敢地接受挫折的考验而得到最后的成功。要么你去驾驭生命,要么是生命驾驭你,你的心态会决定你的命运——成为坐骑或骑师。所以在无法改变环境的时候,我们要学会改变心境。

俗话说:"人生不如意,十有八九。"尽管我们都希望生活可以万事如意,但成长过程中无时无刻不存在压力和挫折,大学生的生活尤其如此。现在大学生大多是独生子女,是温室里的花朵,他们独立生活的能力较差,校园里的正常学习、生活、恋爱、交友都可能是他们压力和挫折的来源。每年都有高校大学生因失恋、人际冲突、生活受挫等原因而自杀,可见,心理压力和挫折对大学生的生活和学习是一种威胁。大学生的压力和挫折有哪些? 这些压力和挫折会造成哪些影响? 在面对压力和挫折的时候,大学生应该怎么应对? 这将是本章我们所要讨论的问题。

第一节　大学生常见的压力与挫折

大学生活虽然如诗歌般浪漫美好,但是压力无时无刻不在我们心中,挫折也常常不期而遇。压力与挫折很多时候紧密联系在一起,它们同时存在,可以相互转化,有同样的情绪反应,不及时调节,都会影响心理健康。大学生心理压力与挫折往往与各类学习和生活以及个人发展问题纠缠在一起。主要表现为以下几个方面:

(一)学习方面

由于我国的应试教育导向,学习压力和挫折感便由此而来。学习是大学生的首要任务和主要活动方式,因而它对大学生心理健康和心理发展有很大影响。由于高校招生规模的扩大,使得社会、企业与大众对大学生的要求越来越高,大学生们必须不断提高对自己学业的要求,才能在走出校门时有更强的适应能力和竞争能力,这就导致大学生心理上面临沉重的学业压力。而且作为一个学生,学业成败将直接关系到他的切身利益,比如来自于同学和老师的称赞及奖学金、毕业证,这些东西甚至会决定个人将来的前途和命运。还有,大学里的各类考试也是大学生所面临的重要压力和挫折。另外,近年来在大学校园内出现的"考证热"(如考研、计算机、外语、司法、会计、摄影等各类证书考试)给大学生又带来了额外的学业压力,据说有80%的大学生深陷其中。

学习挫折直接削弱大学生的主观幸福感,长期的学习疲劳导致学习兴趣下降,学习效率降低,各种紧张症状随之产生,还可能产生严重的危机感和恐惧感,精神压力很大。有人对北京海淀区16所大学的调查数据显示,每天学习时间9~11小时的大学生占20.5%,11~13小时的占34.1%,13小时以上的占30%。一项调查显示,大学生遭受学习挫折后,"难过"占41.6%,"担忧"占31.7%;其次,"不安"占26.2%,"紧张"占19.2%,"难堪"占16.4%,"气愤"占16.4%;选择"无所谓"的比例仅6.1%。

(二)人际关系

人际交往对大学生而言是仅次于学业发展的一项重要的社会需要。大学生都希望获得更广泛的良好人际关系,从而维系个人发展与社会需要之间的纽带。大学人际关系的困惑、障碍是使大学生压力增大的主要原因之一。进入大学后,人际交往范围增大,由于来自全国各地,不同的生活习惯、性格、爱好等使大学生的人际关系变得更为复杂,还要处理诸多的人际关系如同学关系、师生关系、舍友关系、男女关系等。但是,由于性格或者成长经验的影响,在人际交往中,往往难以达到理想效果,容易造成大学生既渴望交往又害怕交往的心理困惑,由此产生压力和挫折感。大学生活为同学们提供了一个展现自我个性和风采的小社会环境,大家也渴望通过社会交往增进与他人相互的理解,但是很多大学生难以抛开自尊、自傲和矜持的面具,这些都会使他们在人际关系中比较片面化、过于理想或存在偏见,容易造成人际交往中的偏差和误解,导致人际交往受挫。总之,大学生的人际关系问题主要表现为人际关系意识淡薄、人际交往能力不足以及过于理想的评价标准,造成了不良的公共关系状态。不良的人际关系是引起大学生心理障碍和精神疾病的主要诱因。

(三)就业方面

在竞争日益激烈的今天,大学生的就业压力是不言而喻,对即将毕业的大学生来说,择业更是一种现实的挫折。据调查,78.7%的大学生认为择业问题是使大学生产生心理压力的最大因素。"双向选择、自主择业"就业机制的实施,一方面给了大学生更多机遇和挑战,另一方面又给大学生带来了压力。连续几年的扩招和企业越来越高的门槛,给高校毕业生就业带来新的压力和难度。从家庭因素而言,家长对子女的教育费用投入较大,尤其是农村地区的大学生,他们教育费用相对投入更大,因此带来的期望更大,而现实是无奈的,一些机关单位的徇私舞弊,"优而不择"的事情常常发生,他们要跳出龙门的理想开始变得尴尬,这样就容易造成沉重的心理负担和对社会的怨恨。此外,根据调查,无论是就业岗位、地点、薪酬福利等,大学生的期望值一般高于社会提供的范围,沿海城市、经济发达地区,热门行业,政府机关、大型企业、知名公司都是大学生的首选。而好的劳动力市场本身容量是有限的,大学生就业市场竞争的残酷是可想而知的。所以,在整个就业过程中,每个大学生都会产生失望、焦虑等情绪。

(四)恋爱方面

在我国,大学生的年龄主要集中在 17~23 岁之间,生理已发育成熟,很多大学生渴望与异性有亲密的接触,应该说,爱情对大学生而言是非常正常的需求。但是爱情是两厢情愿的事情,很多大学生往往是单相思,他们由于种种原因没有勇气表白,或者勇敢表白后遭到拒绝,因此产生心理困扰。也有许多学生在没有具备相应的心理素质情况下涉足了爱情这一复杂的感情领域,由于心理不成熟,不能很好地处理爱情、学业、友谊、人生的关系,一旦出现失恋等情况,没有能力很好解决,就造成很大的心理压力。而且近年来大学生的恋爱现象越来越具有追求感性和物质化的倾向,加上大学生恋爱动机不纯,有的时候是为恋爱而恋爱,物质条件不具备,种种心理冲突,都让大学生不轻松。另外,恋爱问题引发的高消费、打斗、报复伤害和同居现象都给恋爱中或失恋后的大学生造成了巨大的困扰。

(五)经济方面

贫困一直是高校敏感的话题,如果贫困生得不到救助和关怀,诱发心理疾病的概率是极高的。然而随着高校招生、就业制度的改革,加上社会生活水平的变化,大学生上学花销在逐年加大,这些学费、生活费给当代大学生相当的经济压力,尤其是来自城市下岗职工、农村家庭的子女,他们在欣喜的同时内心往往充满了惆怅。据统计,在我国高校中,贫困生约占 15%~20%,而这其中有心理问题和疾病的又占 65%。虽然学校采取了"奖、贷、勤、免、补"等各种措施以解决困难学生的就学问题,但是现在大学生攀比心理严重,一部分贫困大学生在日常生活相差悬殊的对比中产生很严重的自卑心理。贫困大学生还有着深深的愧疚感和使命感,他们不忍心看到父母辛苦劳作换来的钱都用在自己的学业上,他们希望通过上学改变家境,改变命运,可是就业的高门槛又让他们再次遭遇尴尬,这些现实的生活的压力和挫折就像空气一样,无时无刻不排挤着他们,使他们喘不过气来,继而引发无奈、焦虑和自卑,甚至因贫困产生严重的心理问题。

大学生们在以上五大方面的压力与挫折较为突出,有明显的时代特征,是当前社会状态的综合折射。但是很多压力和挫折事件是社会、家庭和学校所造成的,是外在环境因素。不同的个体面对同样的压力和挫折,所产生的反应是不一样的,有的应对自如,有的恐慌焦虑。但只要不断学着调节自我,我们一定能够解决好成长路上的各种障碍。总之,办法总比困难多,大学生是最有朝气的年龄,我们相信明天会更好。

第二节　大学生压力和挫折的产生及特点

一、压力源及分析

(一) 压力源

压力源,又称应激源或紧张源,是指对个体的适应能力进行挑战,促进个体产生压力反应的因素。压力源可分为生物性压力源、精神性压力源与社会环境压力源三大部分。生物性压力源是指一组直接阻碍和破坏个体生存与种族延续的事件。包括躯体创伤或疾病、饥饿、性剥夺、睡眠剥夺、噪音、气温变化等。精神性压力源是一组直接阻碍和破坏个体正常精神需求的内在事件和外在事件。包括错误的认识结构、个体不良经验、道德冲突及长期生活经历造成的不良个性心理特点等。社会环境性压力源是一组直接阻碍和破坏个体社会需求的事件,分为两方面:一是纯社会性的,如重大社会变革、重要人际关系破裂、家庭长期冲突、战争、被监禁等;二是由自身状况造成的人际适应问题等。

压力源是压力产生的原因与条件,而压力是个体形成的综合心理状态,是个体内心的体验。因此,同一个压力源可以使不同个体产生不同的反应,不一定都会形成压力。即使都形成了压力,也由于个体对应压力的抵抗力不同而产生不一样的结果,有的人把压力转化为动力,积极应对获得成功,有的则经不起打击,产生心理疾病。

当代大学生的压力是一个多因素综合作用的结果。大学生压力源呈现出多元化、复杂化、社会化的特点。比如,有人进行了特定范围的调查显示,大学生面临的压力来源依次为学业问题(80.0%)、就业问题(79.3%)、人际关系问题(60.1%)、经济问题(36.2%)、恋爱问题(35.7%)、家庭问题(29.8%)、竞争问题(29.1%)、独立生活问题(21.1%)、校园环境适应(20.5%)、社会环境适应(20.0%)。当今社会大学生的压力源归结起来主要是外界环境和个人素质两个方面的因素,前者主要包括校园生活、家庭影响与社会环境,后者主要包括个人性格、个人认知与个人应对能力。

(二) 压力与个性分析

同一事件,有的人泰然处之,有的人焦虑恐惧,这就与自身性格及认知有关。大学阶段是人生由幼稚走向成熟的过渡期,他们承受着来自经济、学业、就业等多方面的压力。一般来说,适当的压力对人的心理健康并无坏处,相反还可以提高人的应激和效率,但是如果压力过于强烈或持续时间长,则会对人的身心造成不良的影响,甚至还会造成严重抑郁,那么大学生的哪些个性心理容易造成压力过度呢? 最常见的是以下几个方面:

1. 自我封闭

由于心理与生理的日趋成熟,大学生自我意识迅速发展,独立感、自尊心进一步增强,思维也出现了更多的独立性和批判性。大学生处于一个相对开放的小社会中,要处理更加复杂的人际关系,他们会逐渐失去少年时代的坦率、外露的心理品质,越来越显示出特有的心理活动的闭锁性。

2. 自卑心理

这也就是我们常说的缺乏信心。每个人都有虚荣心,大学生的攀比心理可能更为严重,有的同学因为自己在身材、长相、经济条件、水平能力等方面不如别人,产生自卑心理。自卑的人往往自尊心非常强,对人和事非常敏感,更加脆弱,一旦受到挫折或打击,则非常痛苦,压力很大。

3. 自我认知不足

大学生是初升的太阳,朝气蓬勃,富有激情,他们一般充满理想,勇于追求,但他们往往不切实际,对人对事有极大的幻想,自我评知不足,自我期望过高。容易出现理想与现实激烈的矛盾冲突,一旦遇到压力事件,容易惊慌失措,倍感压力。

普遍来说,大学生的心理承受力较弱,面对着社会变化和外界刺激,大学生的情绪非常容易波动,他们对人际关系非常敏感,所以如果心理素质不能提高,则会产生严重后果。

二、压力的三个反应阶段

压力是对精神与肉体承受力的一种考验,正是这种承受力决定我们对压力做出的反应。如果承受力强,我们能有效地对抗压力,如果承受力弱,我们则会被击垮。压力通常被认为是有害的,但是,由于压力是由于变化引起的,那么它也可以成为应对过程中有益的一种刺激,从这个意义上讲,压力也是一种积极的力量。在个人的成长过程中每个阶段都会产生相应的压力。有研究表明,保持适度的压力,有利于激发人的潜能,推动个体不断地前进。根据内分泌学和生化学家塞利(H. Selye, 1956)的研究,在适应压力的过程中,个体的生理、心理及行为特点分为三个不同的阶段:

1. 警觉阶段

警觉阶段又叫唤醒期或准备期。第一次出现应激时,警戒反应就会发生。交感神经支配肾上腺分泌肾上腺素和副肾上腺素,这些激素促进人体的新陈代谢,释放储存的能量,于是主要器官的活动处于兴奋状态,包括:呼吸、心跳加快;汗腺分泌加速;血压、体温上升;骨骼肌紧张,等等,然而人体会迅速列举出防御源并作出自我保护性调节。

2. 搏斗阶段

如果第一阶段的反应没能排除危机,那么机体需要更多的资源进行应对,但一般情况下都是以抗拒的减少而告终的。继警觉之后,人体全身心投入战斗,或消除压力,或适应压力,或选择退却。这一阶段个体内部的生理和心理资源以及能量,会被大量耗费,出现严重的身体症状,如溃疡、动脉粥样硬化等。

3. 衰竭阶段

如果应激源非常严重,那么人体会进一步消耗已经贮存的能量,同时搏斗也会一起衰弱,就可能引发疾病或死亡。由于抗击压力的能量已经消耗殆尽,此时个体在短时间内难以继续承受压力。如果一个压力反应周期之后,外在的压力消失了,经过一定时间的调理和休息,个体很快就能恢复正常的体征。如果压力源持续存在,个体仍不能适应,那么一个能量已经消耗殆尽的人,就必然会发生危险,此时,产生疾病甚至死亡都是极有可能的。长期处于叠加性压力和破坏性压力状态下的人最容易出现身心疾病,就是这个道理。

三、大学生挫折产生的原因及影响

(一) 大学生挫折产生的原因

造成挫折的原因是多方面和复杂的,引起挫折的原因主要与自然环境、社会环境、个体主观因素等多种因素有关。大学生处于人生发展的关键时期,他们精力充沛,思想活跃,积极向上,理想抱负普遍高,但是他们心智发展还不成熟,社会经验少,处于一个竞争激烈的环境,因此大学生遭遇挫折是必然的,是成长必须付出的代价,是他们获取人生经验的宝贵财富。

1. 构成挫折的客观因素

构成挫折的客观因素是指个体自身因素以外的客观环境因素(自然因素和社会因素)给人带来的障碍,使人的需要和目标不能满足和实现而产生的挫折。

自然因素主要指个体不能预测和防范的天灾人祸、时空限制等。如洪涝、干旱、海啸、地震、山崩、飓风、冰雪等。自然因素造成的挫折每个人随时都可能遇到,如周围的空气污染、水污染、噪音太大以及亲人生老病死之类,还如远隔重洋难以和亲人团聚、空白了少年头等。

社会因素是指个体在社会生活中受到的各种人为因素的限制与障碍。主要受到当时社会中的政治、经济、道德、宗教、习惯势力、人际关系等多种因素的制约。任何一个人都生活在一定的社会历史环境中,社会生活及其变化对人的影响和限制是无处不在的,由此产生的挫折也是普遍存在的。家庭因素和学校因素是社会因素的重要组成部分,由家庭和学校因素引发的挫折占很大比例,如家庭破裂、亲人病故、学校管理滞后等所带来的挫折。

此外,国际、国内政治风云变幻,理论、观念的更新以及日常生活中的诸多变化,也使得许多大学生应接不暇,担心将来不能适应新的社会生活环境。

2. 构成挫折的主观因素

构成挫折的主观因素包括由于个体的主观条件限制和动机冲突两种。个体的主观条件的限制是指个人的智力、身高、容貌、知识结构、健康状况、表达能力等。比如,一个先天性色盲大学生要想成为画家,无论如何去追求,都难以如愿以偿。此外,生理上的缺陷之所以能使一些人产生挫折感,也与社会的某些价值观与个体对自身这些特征的评价有很大的关系。比如,个子过于矮小的大学生比个子较高的人挫折感重;身有残疾或某种疾病的人比四肢健全、身体健康的人更容易产生自卑感,等等。

动机冲突也是引起大学生挫折的重要原因。在现实生活中,人们常常会同时产生两个或两个以上的动机。如果这些并存的动机不能同时获得满足,鱼和熊掌不能兼得时,就产生动机冲突的心理现象。对于大学生来讲,动机冲突在每个人的生活中是经常出现的,如我们既想上学又想赚钱,既想自由又想结婚等,是生活中挫折的主要来源,主要表现为四种形式:双趋冲突、双避冲突、趋避冲突与双趋避冲突。

动机冲突常使大学生感到左右为难,内心极易产生激烈的冲突和焦虑不安的情绪。有些大学生为此寝食不安、心情烦躁、学习效率下降。随着社会的发展,大学生选择的自由度将会越来越大,而由此带来的动机冲突也必然增加。

(二) 挫折对大学生的心理影响

挫折是一把双刃剑,既鼓舞人心,使人奋进,也令人痛苦,停滞不前。有的人把挫折看作走向成功的垫脚石,而有些人在挫折面前不堪一击。任何事情都具有两面性,挫折对大学生的影响也不例外,有其积极和消极两个方面的影响。

1. 挫折对大学生的积极影响

第一,有利于培养大学生坚强的性格和意志。坚强的意志往往是长期磨砺的结果,生活中的挫折和磨难并不是件坏事,它往往使人变得更加成熟和坚强,大学生经历的挫折越多,应对挫折的能力就越强,性格也会越坚强。

第二,有利于大学生管理自己的情绪。大学生往往一遇到挫折,其神经中枢就会接受刺激,使整个神经系统兴奋水平提高,引起情绪波动。经历过多次挫折的大学生,再遇挫折可能就比较淡定,能很好地管理自己的情绪,冷静地处理问题。

第三,有利于提高大学生解决问题的能力。大学生在遇到挫折时,只要接受现实,做好积极调整,即使不能战胜挫折,也要善于从困难中总结经验教训,使挫折向积极的方面转化,提高自己分析问题和解决问题的实际能力。

第四,有利于大学生正确地认知自我。许多大学生由于缺乏实际经验,对社会和自己有一些不切实际的幻想,当他们用这些想法去指导实践时,很容易遭受失败。失败的遭遇往往能使他们清醒地认识到自己,进而使其做出调整,合理地评价自己,客观地认识社会,增强其社会适应能力。

2. 挫折对大学生的消极影响

第一,降低大学生学习效率。学习是一种积极的思维活动,学习效率除了与个体的智力水平和知识水平有极大关系外,还与学习者的精神状态、自信心等因素密切相关。大学生受挫后,精神状态容易焦虑不安,自信心明显降低,思维比较混乱,不能集中注意力,从而极大地降低学习效率。

第二,降低大学生的思维能力和生活适应能力。许多学生一遇挫折,容易高度紧张,情绪波动比较大,时而害怕,时而激动,不能控制自己的情绪,如果持续遭遇挫折,还有可能导致情绪紊乱。这样不但容易降低大学生的思维能力,严重的会大大降低他们的生活适应能力。

第三,损害大学生的身心健康。有许多大学生受挫后,自我调整能力比较差,容易长期处于一种紧张、压抑和焦躁不安的状态中,如果这种状态不能得到有效的释放,不仅会损害他们的身心健康,有时还可能会造成当事人潜在的精神隐患。

第四,导致大学生性格的改变和行为偏差。许多大学生在遇到重大挫折或连续挫折而又无法做出相应的调整时,就会使某些性格特征产生相应的改变。如一位积极自信、热情开朗的大学生,在多次竞选班干部失败后可能会变得自卑。同时,受挫的大学生容易冲动,不能自控,很难正确地评价自己的行为,有可能会做出违反社会道德的事情。如有些大学生受挫后,容易想不开,走极端,报复他人,报复社会。

四、大学生受挫后的反应

当个体遭遇挫折和失败时,都会有一种摆脱困境、减轻不安、稳定情绪、重新达到心理平衡的倾向,这种倾向被称为心理自我防御机制。大学生在遭遇挫折时,也会自觉不自觉运用心理防御机制。人们在日常的学习生活中,由于主客观条件各不一样,因此挫折反应也各不相同。挫折的防卫机制是多样的,有些是积极的,有些是消极的,也有些是中性的防御机制。

心灵鸡汤

一只鸡蛋落在地上,它悲伤地哭道:"我完了,我这只倒霉蛋。"接着就粉身碎骨,壮烈牺牲了。

一块石头落在地上,它愤怒地大叫:"谁敢跟我作对?你硬,我比你更硬!"它把地面砸了个窝,但它自己也永远待在那个窝里出不来了。它气急败坏,但无能为力。

一只皮球落在地上，它轻巧地换了个姿势，在地上打了个滚，就又蹦蹦跳跳地走了。

鸡蛋、石头和皮球的遭遇，反映了生活中人们对待挫折的不同态度。有的人遇到了挫折，就一败涂地，再也站不起来了。有的人遇到了挫折，暴跳如雷，继续撞墙。有的人遇到挫折，轻轻一笑，改变一个方向，又上路了。

（一）积极的心理防御

积极心理防御，这种反应方式是正视挫折，承认挫折，正确分析挫折产生的主客观原因，总结经验教训，争取积极的行为方式，最后战胜挫折。主要表现为：升华、坚持、表同、补偿、幽默。

升华。即用一种比较崇高的具有创造性和建设性的目标代替，借以弥补因受挫而丧失的自尊与自信，减轻痛苦。升华是最积极的行为反应，从古至今演绎出绵绵佳话。如古之文王拘而演《周易》；仲尼厄而作《春秋》；屈原放逐赋《离骚》；左丘失明写《国语》；孙膑跛脚修《兵法》。不仅如此，升华还是一种富有建设性的行为反应。所谓"屡战屡败，屡败屡战""愈挫愈勇"就是这种在挫折面前自我激励的情绪状态。

坚持。指个体发现目标难以达到，要求自己做出加倍努力，使目标最终实现。美国电影《幸福来敲门》中的主人翁就是一位面对挫折一直坚持不懈地努力，最终赢得了自己的事业，也获得了幸福的生活胜利者。正如有的学者所说：成功就在于最后的坚持之中。

表同。指个体在现实生活中无法获得成功时，效仿他人获得成功的经验和方法，能够使自己的思想、信仰、目标和言行更适应环境和社会的要求，增强自信心，减少挫折感。例如，大学生常以一些历史名人、科学家，或小说中所欣赏的人物作为自己效仿的对象，建立自己心中的榜样，并依照榜样进行积极的自我激励与自我暗示，用成功代偿挫折。

补偿。所谓补偿，是指一个因某方面的缺陷而无法达到期望的目标时，以其他方面的成功来弥补先前的遗憾与自卑的现象。例如，大学生因为家庭经济条件或者自身的相貌条件在恋爱问题上受挫，那么他就可以发奋学习，以学习的成功增加自己的自信心。

幽默。遇到挫折，以看似轻松发笑的语言对挫折的原因或者遭受挫折以后的后果进行解说，使人的心理紧张或愤怒感暂时消失的艺术，就是幽默。幽默反映个人看待挫折成败的一种超然心态和智慧。

（二）消极心理防御

消极心理防御是指当大学生遭受挫折后所表现出来的带有强烈情绪色彩的非理性行为。常见的情绪行为方式有以下几种：

固执。当个体一而再、再而三地遭受到同样的挫折，就会慢慢失去信心，失去随机应变的能力，而形成刻板的反应方式，固执盲目地重复同样无效的行为。在大学生中，固执行为往往容易发生在一些性格内向、倔强、看问题片面性的大学生身上。固执是非理智性的消极的行为，它往往使人企图通过重复无效动作以对抗挫折，对大学生的成长极为不利。

退行。又称退化、回归。是指当个体受到挫折时，心理活动和反应退回到个体早期发展水平，以幼稚的、不成熟的方式应对当前情境。表现这种行为方式的大学生往往对自己缺乏信心，像孩子一样依赖他人，多指大人小孩状。如某一女生刚入校，参加学生会干部竞选失败了，感到很"委屈"，无法进行理智分析和对待，不吃饭，也不上课，成天蒙头大睡。

逆反。个体遭到挫折后，如果是一意孤行，而且对正确的观念盲目地持反抗、抵制与排斥态度，这种行为便是逆反。用通俗的语言来说就是"你要我朝东我偏朝西"。持逆反心理的人往往为了排除内心的不满，会产生一些不符合社会规范、不被允许的愿望和行为，甚至做出一些反社会性行为。

攻击。是一种破坏性行为反应，指个体遭受挫折后，在情绪与行动上会产生一种对有关人或物的攻击性的抵触反应，以消除来自挫折的痛苦。攻击的表现形式多种多样，一般可分为直接攻击和转向攻击。直接攻击是指一个人受到挫折以后，把愤怒的情绪直接发泄到使之受挫的人或物上，如大学里发生的打架斗殴、损害公物等现象。转向攻击是指一个人受到挫折以后，把愤怒的情绪指向其他的人或物身上去。如当受到老师批评时，把怒气发泄到别人或物品上。

轻生。轻生是受挫者受挫以后表现出的一种极为消极的行为反应。在现实中，面对有些来得过于突然的挫折和打击的大学生，在得不到外力帮助的情况下，很可能自暴自弃，产生轻生厌世、自杀自残的行为，以此来获得内心痛苦的解脱。

心灵鸡汤

在中央电视台科教频道《我爱发明》栏目里,有人制作了一个奇特的苍蝇捕捉器。

捕捉器看上去很特别,也很简单。其实它就是一个直径二十厘米椭圆形的玻璃杯,上端封闭,没有出口。下端是一个锥形管连接的入口,底部的口稍大些,直径约5厘米,锥形管向上深入到玻璃杯中心的位置,管口直径约3厘米。就这么一个简单的装置难道真能捕捉住无头乱飞的苍蝇吗?观众们都捏着一把汗。

在记者的见证下,发明人把苍蝇捕捉器拿到附近的公路边上,用砖头支起来,底部放一些苍蝇爱吃的饵料。不一会儿,七八只苍蝇飞来,叮在下面的饵料上。吃饱了的苍蝇按飞行习性向上顺着捕捉器的入口飞到玻璃瓶里,在里面向上、向四周乱飞了一通,始终不能出来。

通过观察发现只要进了捕捉器的苍蝇,只知道盲目地向上飞,向四周飞,不知道向下飞,不知道原来的路是安全的路,无一能逃出,它只能在里面困死、累死、饿死。看来这个简单的装置真能捕住苍蝇。

不懂得向下的路是安全的路,在困境中一味地向前,不会原路返回,这是苍蝇的致命伤。

同样,生活中只知道勇往直前不是真正的勇敢。那些懂得适时放低自己,在困境中及时回头的人才是真正的强者。

(三) 中性自我防御

中性自我防御是指当一个人受到挫折后,采取一些暂时减轻受挫感的行为方式,以解除挫折为自己带来的心理烦恼,减轻内心的冲突与不安。它主要表现为以下几种:

求得注意。即想方设法引起别人对自己的注意,如以大声喧哗、寻衅生事、用恶作剧来表现自己,这是不可取的。

合理化作用。即自我安慰,指无法达到追求的目标时,给自己一个好的借口来解释,但用来解释的借口往往是不真实的、不合逻辑的,但防卫者本人却能借此说服自己,感到心安理得。

自我整饰。当个体遇到挫折之后,往往表面上不动声色,把心理上的烦恼、焦虑、苦闷统统埋藏在内心深处,尽量显示自己的长处,提高别人对自己的评价，从而减轻心理压力，以弥补失败所带来的自尊心的伤害。这种行为反应往往起着自我欺骗和自我麻痹作用。如《伊索寓言》中的狐狸吃不到葡萄就说葡萄酸的行为反应即是此种。

向下比较。有时候当我们遇到挫折的时候，有必要和那些命运比我们更差的人去比较，以消除心里愤怒不平的消极情绪，让自己心理获得一种平衡感。

反向。行为相反于动机而行，如自卑的同学往往表现出高傲自大；对异性充满向往，却装出不屑一顾的样子等。持反向心理的人，往往不敢正面表露自己的真实动机，于是便从相反的方向表示出来。虽然这种行为可以在一定程度上掩饰个体的真实动机，但是，掩饰包含着压抑，长期运用会从根本上扭曲自我意识，使动机与行为脱节，造成心理失常。

逃避。是指大学生受到挫折后，不敢面对自己所预感的挫折情境，而逃避到比较安全的环境中去的行为。

冷漠。即表现出对于挫折情境漠不关心、无动于衷等情绪反应。冷漠并非没有情绪反应，相反，是一种压抑极深的痛苦情绪反应。如有些大学生面对亲人、朋友带给自己的伤害，或者面对无法摆脱的挫折情境时，通常会表现出冷漠的反应。

压抑。压抑是指把不愉快的经历和体验压抑到无意识中，不去回忆，主动遗忘。当我们无法对挫折情境表达我们的愤怒与不满的时候，需要暂时将消极情绪压抑起来。适度的压抑有利于情绪的调整，但长期的压抑会导致更强的挫折与心理不适。

心灵鸡汤

1980年，清华大学一位毕业生，到广东探望父亲。父子两人围绕深圳街头出现的豪华进口汽车有段对话。儿子说："坐这种车的人，肚子里一定没有学问。"他的父亲轻描淡写地答："说这种话的人，口袋里一定没有钱。"

总之，积极的心理防御有助于大学生适应挫折、化解困境，利于他们的成长；消极的心理防御只能起暂时平衡心理的作用，不能解决问题，有时会使当事人在一种自我欺骗中与现实环境脱节，降低适应能力，形成一些恶习，埋下心理病患的种子，影响其身心健康和全面发展。大学生应该树立积极的心理防卫机制，增强自己的耐挫力，以适应社会的发展。

第三节　大学生压力和挫折的应对策略

　　人的一生,会经历很多风雨,面临许多压力与挫折。对我们大学生来说,所谓"风雨"可能意味着竞选的失败、恋人的分手、经济上的困难、考试的挂科、违纪的处分等。人生在世,谁都会遇到压力、挫折。这些使我们痛苦,但同时又是一种挑战和考验,激励我们成长,这是生活的辩证法。问题的关键不在于挫折的有无和强弱,而在于我们对待压力与挫折的态度。如果把压力与挫折比喻为人生的风雨,把大学时代比喻为多雨的季节,那么,当雨季来临的时候,我们就该及时地扪心自问:我该怎样面对雨季? 我的伞在哪里?

一、树立正确的人生观、价值观

　　人生观是关于人生目的、人生态度、人生价值等人生问题的基本看法,它直接影响一个人的心理和行为。只有树立健康向上的人生观,才能产生正确的价值观;有了正确的人生观和价值观,才能始终保持乐观积极的生活态度,对未来充满信心,清醒地知道为什么要活着、应该怎样活着、应该有什么样的理想、人生道路的逆境、困难、痛苦、烦恼、生死离别、错误、失败、悲剧该怎么去应对。总之,树立正确的人生观和价值观,有利于我们在纷繁的世界中保持清醒的头脑处理各种矛盾冲突,从容面对,充满信心,这就为我们应对压力和战胜挫折奠定了坚实的基础。

二、正确看待压力与挫折

　　压力无处不有,挫折的发生不可避免,但是,这并不意味着我们面对压力与挫折时无能为力。相反,能否正确看待压力、挫折,并有意识地培养和锻炼自己对压力、挫折的容忍力,关系着大学生朋友今后的人生幸福和事业成败。对于人生的压力与挫折,人们自古就有充分的体验和认识,并总结了许多应对压力、挫折的修炼方法。我们不仅要从心理学,也要从前人行之有效的经验中,学习应对挫折的方法。

(一)压力与挫折是普遍存在的

　　压力与挫折普遍存在于人生的各个领域,不管你多优秀,你必然要遇到各种各样的压力与挫折。大哲学家叔本华曾说过,人生就是一种痛苦。大学生要明白社会生活是复杂的,压力与挫折是人生重要的组成部分,它不以人的意志为转移。认识到这一点在我们遇到压力与挫折就会直接面对问题,而不是逃避、压抑、转嫁或迁怒于无关的人或事。

(二)压力与挫折是人生的宝贵财富

任何事物都具有两面性。压力与挫折尽管让我们难受,使我们的学习和发展受阻,但是它同时又是人生的宝贵财富。认识到这一点,我们才有勇气和信心去勇敢地面对压力与挫折。古谚云:不经一番寒彻骨,哪得梅花扑鼻香。没有压力与挫折的人生是苍白虚幻的人生,不经过挫折的磨炼,也就没有成功的喜悦和人生的幸福。大学生应该懂得快乐不是平坦笔直的康庄大道,或者无忧无虑的锦衣玉食,而是经过奋力攀登后踏在脚下的高峰,是用自己的坚韧和勤劳换来的硕果。

(三)压力与挫折是可以克服和战胜的

生活中,压力与挫折是不可避免的,但是,却不是不可战胜的。古今中外,无数杰出人士先后以他们自身的人生经验,诠释着人类意志的力量。我国古代统治者为了维护统治地位,鼓吹天命观,但荀子提出"人定胜天"的思想。人类祖先敢于和大自然抗争,所以人类才能逐渐成为地球上的主宰,劳动人民敢于抗争,才能掀起一次又一次的革命战争,争取社会进步和人民的解放,科学家、艺术家勇于探索科学和艺术的真谛,才使得人类创造出灿烂的文化……历史长河中,无数先人以他们坚强不屈的精神改变着自己的命运,也改变着人类的命运。

心灵鸡汤

一家公司招聘职工,一位高才生去考试,发榜后,见没有自己的名字,便跳河自杀。后来发现他考的分数是第一名,原来是抄分的时候抄漏了。高才生跳河后被人救起,闻知自己是第一名便去报到,老板却无论如何也不肯要他,理由是:"这么一点挫折便要跳河,到公司遇到了更大的挫折怎么办?"

另有一位希腊人到一家公司去应聘清洁工,职员问他:"你会写字吗?"他回答:"只会写自己的名字。"于是他没被录用。后来,他发愤图强,成了一位大富翁,在自己豪华的会议室举行记者招待会。记者说:"你的经历太动人了,你该写一本自传。"他说:"那是不可能的,如果我会写字,我只能是个清洁工。"

三、修身养性，提高心理素质

除了对压力、挫折要有正确的认识之外，我们还必须具备良好的心理素质，面对压力与挫折才能够泰然处之。这种心理素质只能靠修炼而得。外界环境和条件的变化，不以个人的主观意愿而转移。我们原来设想好的目标，往往因为客观条件而变成了镜中花、水中月。面对意外情况出现，我们必须及时调整自己的心态、目标及调节好自己的情绪，以适应这种改变。人生事业取得成功的人，无不在压力与挫折情境中善于做出调整，他们都有着强大的精神力量。虽然良好的心理素质是应对压力与挫折的重要因素，但是这种能力的培养是一个长期的过程，需要我们不断地学习先进的人和事，养成好的人生习惯，积极应对生活中的困难，在磨砺中不断积累经验，以提高自己的心理素质，解决好人生出现的压力与挫折。

四、积极奋斗，改变客观条件

环境对我们心理和行为的影响作用是相当大的。对压力与挫折情境的理解，既不能否认人们认知上的差异，更不能否认和无视外部环境的作用。大学生朋友除了要正确地看待压力、挫折，学会自我调适之外，更重要的是要充分发挥自己的创造性和能动性，主动创造条件，为目标的顺利实现而营造良好的外部环境。

（一）系统分析，科学决策

在确定行动目标的时候，全面考虑各方面的条件，是保证行动目标顺利实现的必要条件。如果不系统分析目标达成所经过的阶段，以及各阶段所需要的条件，以便事先予以安排和开展必要的工作，则可能会遇到障碍，遭受挫折。大学生行动之前往往缺乏系统的考虑，所以也往往容易遇到预想不到的困难。这就需要大学生学会系统思维，尽可能详尽地考虑行为各方面的因素，并作出周密安排。

（二）善于争取，敢于抗争挫折

人性本质在于意志不自由，因此争取自己的合理权利，摆脱一些不合理的束缚，或者与不利的环境条件抗争，这也是人本主义心理学所一贯倡导和主张的立场。面对各种挫折，大学生需要具有同命运抗争的勇气和精神，自觉改善自身发展的环境条件。

五、正确地认识自我及评价自我

"人贵有自知之明。"能正确认识和评价自我的人,不因遇到压力与挫折失败而全盘否定自己。一个人只有正确地认识自我,评价自我,知道自身的能量有多大,才能激发自己的正能量,找到适合自己的方法和目标,获得成功。失败同时也给我们带来了新的转机,可以帮助我们重新地审视自我、塑造自我。

六、合理地归因

失败并不可怕,可怕的是你不能正确地归因,从而无力战胜困难。大学生往往把失败的原因归结为外部因素,如运气不好、家庭条件不好等,只要我们静下心来,合理地分析原因,就不难走出困境。大学生不妨找来纸笔,将你面临的核心问题写下来,接下来你需要围绕着这个问题逐步回答:这个问题是如何产生的? 这个问题真的与我有关吗? 这个问题真的就是一种威胁吗? 这个问题真的就不能解决吗? 通过如此反复、逐层深入的自我辨析,理清问题症结所在,从而减轻因对压力情景认识的模糊或者夸大威胁而产生的焦虑。

七、有效的自我调适方法

(一)适度宣泄,尽早摆脱

面对困境,有人惆怅悲观,把痛苦和沮丧埋在心里;有的人则选择倾诉。如果心中苦闷,不妨找一两个亲近的人,把心里的话倾吐出来,从他人那里获得力量与支持。一个快乐有两个人分享,就变成了两个快乐;一个痛苦有两个人来分担,就变成了半个痛苦。这样,不健康的情绪就得到宣泄。宣泄是一种自我心理救护,它可以消除因挫折而带来的精神压力。而且可以学会从不同的视角看待问题本身,往往会有一种"柳暗花明又一村"的境界。如果上述方式都无济于事,那么,我们建议你,是时候寻求专业人士的帮助了。你需要进行心理咨询,让专业人士引导你排除压力。

(二)激励潜能,独立自救

独立自救是生命中最闪光的品性,这已经被很多事例所证明。面对挫折的打击,有的人一蹶不振,有的人则激发潜能,自己拯救自己——前者没有看到自己的潜能,后者则充分地汲取了潜能的力量。

一个小故事说:"一头猪的腰部脱臼,在那里费力地爬着,孙子要去帮猪按摩,爷爷喊住了他,爷爷拿起一个土块向那头猪扔去,那猪吓得挣扎着跑起来,爷爷在后面追赶它,只见那猪跑着跑着腰部便上去了,恢复了正常。"人遭受挫折就好像小猪脱臼,真正能帮助你的不是别人而是你自己。有时,我们在挫折的伤痛中忽视了自己的潜能和改正错误的勇气,一味地等待外力的帮助,这就等于放弃了自己对自己承担的责任和义务,这是一种懒惰和没有出息的做法。

(三)适当取舍,远离烦恼

放弃是一种智慧和境界,但是,面对现实的种种诱惑,又有多少人能够做到这一点呢?很多人原本也曾从容、平和地生活着,可一旦被太多的诱惑和欲望牵扯,便烦恼丛生。有的时候,聪明的办法是学会取舍,不必事事争第一,舍弃自己还不具备能力与条件的目标不是坏事,"塞翁失马,焉知非福"?只有在明白了自己一生何求之后,去明智地取舍,并学会放弃,才能摆脱无谓的烦恼,拥有自在的生活。

(四)扩大交往,不断学习

首先,让你的同学成为你最亲密的朋友;其次,你需要一位人生的导师,可以在你遇到困难的时候客观地分析和提供有益的观点,而这样的导师无疑就是你的老师或者其他长者。当你面对压力感到不知所措的时候,可以阅读好的书籍,吸取文化的力量,给自己的精神世界好好地"充电"。

(五)积极锻炼,强身健体

尤其是你感到有压力的时候,你需要做的不是坐在那里发愁或者抱怨,走出去,让我们来活动活动。你可以慢跑,请注意,一定是慢跑!慢跑的过程中,呼吸缓慢而有节奏,一边跑一边控制意念,让神经和身体彻底放松,全身心投入到运动中。体育活动是非常有效的减压方式,它基本不产生额外花费,但是却可以迅速改善你的某些生理系统及其功能,不仅能强身健体,还会让你充满生命活力,找回控制感,从而有效减轻你的心理负累。

(六)户外活动,抛开忧愁

你可以根据你的时间表和你的经济条件,把自己交给大自然。请记住:大自然永远是人类最宽宏慈爱的母亲!当你面对她的时候,你可以完全抛开你在社会中因为防御需要而带上的层层面具,重新思考过去没有考虑到的东西,真实面对自己。

"宝剑锋从磨砺出,梅花香自苦寒来。"同学们,你的生命如果是一把披荆斩棘的"剑",那么,压力与挫折就是一块不可缺少的"砥石"。为了使青春的

"剑"更锋利些,去勇敢面对那些压力与挫折的磨炼吧!

课后小资料

挫折承受力自测问卷

每个人的生活中都不同程度地受到过挫折,人们在受挫后恢复的能力却各不相同。有些人弹性十足,有些人受挫后一蹶不振,而大多数人则介于两者之间。下列问题则可以测验出你应付困境的能力。在回答这些问题时,请你用"同意"或"不同意"作答。回答愈坦白,愈能测验出你的受挫弹性。同意画"√",不同意画"×"。

( ) 1. 胜利就是一切。

( ) 2. 我基本是个幸运儿。

( ) 3. 白天工作不顺利,会影响我整晚的心境。

( ) 4. 一个连续两年都名列最后的球队,应退出比赛。

( ) 5. 我喜欢雨天,因为雨后常是阳光普照。

( ) 6. 如果某人擅自动用我的东西,我会气上一段时间。

( ) 7. 汽车经过时溅我一身泥水,我生气一会儿便算了。

( ) 8. 只要我继续努力,我便会得到应有的报偿。

( ) 9. 如果有感冒流行,我常是第一个被感染的人。

( ) 10. 如果不是因几次霉运,我一定比现在更有成就。

( ) 11. 失败并不可耻。

( ) 12. 我是有自信心的人。

( ) 13. 落在最后,常叫人提不起竞争心。

( ) 14. 我喜欢冒险。

( ) 15. 假期过后,我需要舒散一天才能恢复常态。

( ) 16. 遭遇到的每一否定都使我更进一步接近肯定。

( ) 17. 我想我一定受不了被解雇的差辱。

( ) 18. 如果向我所爱的人求婚被拒绝,我一定会精神崩溃。

( ) 19. 我总不忘过去的错误。

( ) 20. 我的生活中,常有些令人沮丧气馁的日子。

( ) 21. 负债累累的光景叫我寒心。

( ) 22. 我觉得要建立新的人际关系相当容易。

（　）23. 如果周末不愉快,星期一便很难集中精力学习和工作。

（　）24. 在我生命中,我已有过失败的教训。

（　）25. 我对侮辱很在意。

（　）26. 如果应聘职务失败,我会愿意继续尝试。

（　）27. 遗失了钥匙会叫我整星期不安。

（　）28. 我已达到能够不介意大多数事情的地步。

（　）29. 想到可能无法完成某项重要事情,会使我不寒而栗。

（　）30. 我很少为昨天发生的事情烦心。

（　）31. 我不易心灰意冷。

（　）32. 必须要有百分之五十以上的把握,我才敢冒险把时间投资在某件事上。

（　）33. 命运对我不公平。

（　）34. 对他人的恨维持很久。

（　）35. 聪明的人知道什么时候该放弃。

（　）36. 偶尔做个败北者,我也能坦然接受。

（　）37. 新闻报道中的大灾难,使我无法专心工作。

（　）38. 任何一件事遭到否决,我都会寻求报复的机会。

统计与解释:

上述问题,列入"不同意"者为:1、3、4、6、9、10、15、17、18、19、20、21、23、24、25、27、28、29、32、33、34、35、36、37,其余题为"同意"。

依上列答案,相符者给 1 分,相反为零分,如果你只得到 10 分或者更少,那么你就是那种易被逆境、失望或挫折所左右的人,你易于把逆境看得太严重,一旦跌倒,要很久才能站起来。你不相信"胜利在望",只承认"见风转舵"。总分在 11 至 25 之间者,遇到某些灾祸或逆境的时候,往往需要相当长的时间才能振作起来。不过这类人却能找到很多的技巧和策略来获取个人的利益。如果你的总分高于 25 分,则显示你应付逆境的弹性极佳。不理想的境遇对你虽然会造成伤害,但不会持久。这类人在情感上通常相当成熟,对生活也充满热爱,他们不承认有失败,纵或一时失败,仍坚信有"东山再起"的一天。

第八章　大学生生命教育

我是某高职院校大一年级女生,18岁,来自大城市,父母离异,小时候曾跟爷爷奶奶、姥姥姥爷生活在一起,因父母吵架,不得不过着漂泊的日子,父母离婚后一直跟妈妈生活在一起。

坐在咨询室里的我不安地四处打量,在来之前我已经在咨询室外徘徊过多次了。"老师,我们的谈话别人会知道吗?我同学会知道我来做心理咨询吗?班主任老师会知道这件事吗——"这一连串的问题道出了我内心的恐惧和不安。在咨询老师对保密原则多次解释强调之后,我总算放下心来,开始讲述自己的经历。

"我从小跟爷爷奶奶长大,那时候父母总是吵架、闹离婚,没有人注意角落里蜷缩的我,我好害怕,怕他们丢下我不管",说到这里我已是满脸泪水。"我觉得我的出生就是一个错误,要不是因为我,爸爸妈妈早就离婚了。他们不幸福,但还在维系着那个已经名存实亡的婚姻,都是为了我他们才这样的。我有罪!我本来就不该活在这个世界上!"

"每个人都是不可信的,以前我有一个好朋友,我们之间曾闹过一点矛盾,可是她居然在博客上公开说我的坏话,还把我的照片放了上去,全班同学都知道了,他们肯定都认为是我的错!我们以前关系那么好,可她……从那以后我就对网络特别敏感,总害怕别人会把我的事情散布在网上。我觉得所有的人都会害我,尽管我知道这不是真的,但是这样的想法始终困扰着我,我没有办法不去想,我控制不住自己的大脑。每次我看到别人拿着相机从我身边路过的时候,我都会忍不住的上前去询问,请求人家不要拍我,可是每次别人都说我是神经病。再这样下去，我真的就成神经病了，我快崩溃了！"

"我宿舍的同学已经知道了我的事情，我能看出她们很想帮助我，可是我还是不信任她们，觉得她们会害我。我现在活着就是给别人添麻烦，我害怕更多的人知道我是不正常的，我觉得现在生不如死，有好几次我都想到要结束自己的生命，可是我还很年轻。老师，请拉我一把！"

【案例分析】

文学大师罗曼·罗兰说过："世界上只有一种英雄主义，那就是了解生命而且热爱生命的人。"通常而言，人们很难将死亡与正值青春年少、风华正茂的大学生联系在一起。但是，近年来，大学生自杀事件屡有发生。当代的大学生处于经济高速发展、竞争力激烈的社会，他们时刻担负着来自家庭、学校、社会各方面的压力，使他们一时之间难以应对。而且，大学生又处于由不成熟转向成熟的重要过渡阶段，心理上很容易导致波动，遇到问题情绪会不稳定，当他们在面对挫折、压力、竞争时不能以一种健康的心态来应对的话，就会陷入忧郁、自闭和绝望中，这时有的大学生就会走向极端，自己结束自己的生命。一个鲜活的生命的消失，既让家人痛苦、朋友悲伤，也使国家多年的培养毁于一旦。这应该引起社会的关注，防患于未然，促使每个当代大学生珍惜生命、善待生命，把握好生命的每一天。

人生是个有始有终的过程。人们无法决定生命的长度，但可以掌握自己生命的宽度，即实现生命的意义，活出精彩、体现价值。生命总会面临无尽的挑战，唯有探索生命的意义，培养尊重生命的态度，关怀珍爱每一个生命的价值，热爱生活，才能拥有丰盛的人生。因此，生命与死亡教育对于大学生成长和发展具有重要意义。

第一节　生命的价值

"生命"是个很直观而又很神圣的字眼，也是人们常常挂在嘴边的词，好像谁都知道。但是，"什么是生命?""生命从何而来?""生命是由什么组成的?""生命的意义何在?"对这些问题的思考一直是人类社会苦苦探寻和孜孜以求的。

1. 生命的含义

生命构成了世界存在的基础，世界正是因为有了生命才精彩。而在所有生命存在中，人是超越一切其他生命现象之上的存在物。生命活动主要包括新陈代谢、生长、发育、遗传、变异、感应、运动等。

生长和发育是生命的基本过程，而新陈代谢则是生命的最基本的过程，是其他一切生命现象的基础。

2. 生命的存在形态

人的生命存在形式有生物性、精神性和社会性三种形态。

（1）生物性的存在。人是生物性的存在，生物性是人的生命的最基本特性，是人的生命的社会性、精神性存在的基础和前提。人的生命作为一个自然生理性的肉体生命而存在，人的生长和发展就必然要服从生物界的法则和规律。所以，衣食住行、吃喝拉撒、生老病死是每一个人都必须具有的，也是每一个人无法逃避的。

（2）精神性的存在。人之所以为人，就在于人不仅仅是为了满足自己的自然生命而活着，还要追求超越生物性存在的精神性存在。人要规划自己的人生，创造自己的价值，指导和提升生物性的存在。正是有了生命的精神性的存在，才使人的生命有了人文意义和价值，有了理性的意蕴和道德的升华。

（3）社会性的存在。每个人要想生存下去，就必须参与和融入到社会活动中，在与人的沟通、交往和互动中保存自己的生命，追求自己生命的意义，实现自己生命的价值。正是这种社会性存在使人面对千差万别、千变万化的社会生活，能够使自己有一种生命的智慧和坚定的信念；使人面对有生有死、有爱有恨、有聚有散、有得有失的有限人生和无奈命运时，让自己有一种豁达的胸怀和安然的态度。

3. 生命的特征

生命的特征主要表现在以下四个方面：

(1) 生命的不可逆性。从胚胎起，生命便一直生长、发育，以迄衰亡。它绝不会"倒行逆施"，返老还童。

(2) 生命的不可再生性。生命，对任何人来说都只有一次。世间常说"人死不得复生"，便道出了这个真理。

(3) 生命的不可换性。生命为个体所私有，相互不得交换，彼此不可替代。

(4) 生命的有限性。人的生命有限性表现在以下三个方面：① 生命存在时间的有限，人的自然寿命一般为七八十岁，最多百十来岁；② 生命的无常性，表现在生老病死、旦夕祸福等不可预测，任何人都逃脱不了，任何人必然走向死亡；③ 个体生命的存在不能离群索居、不食人间烟火，每个人都需要别人的帮助、支持和关怀。正是生命的有限性，促使人去努力思考、发奋创造、积极生活以实现自己生命的意义。

4. 生命的意义

生命意义是关于生命的积极思考，是个人正在努力实现的、自己给予高度评价的生命目标。具体而言，包括个人存在的意义、寻求和确定获得有价值的目标，并去接近这些目标。

人与动物的最大不同就在于人会寻找生命的意义，人会问："为什么？""我是谁？""自己有何价值？""人生的意义是什么？"

诺贝尔文学奖获得者黑塞说过："生命究竟有没有意义，并非我的责任，但是怎样安排此生却是我的责任。"这句话带给大学生的启示是：人生的过程要好好去创造！

因此，生命的意义在于：人生最珍贵的宝藏是自己，人生的最大事业是经营自己，人生最大价值与生命的意义就是追求不断的自我发展与成长、不断的自我成长。

5. 生命教育的提出与内涵

生命教育思想源于美国。1968 年，美国学者华特士首次明确提出了生命教育的理念，并在加利福尼亚州创建"阿南达村"学校，开始倡导和实践生命教育思想。之后，生命教育理念就受到人们的高度重视，生命教育的实践也得到逐步发展。1996 年前后，我国台湾地区因校园一再发生暴力与自戕案件，引起台湾当局教育部门的高度重视，并开始在学校开设生命教育课程。我国香港地区对生命教育也予以极大关注。近年来，一些内地学者在传统人生观教育的基础上，提出了生命教育的新见解。

关于生命教育的内涵，虽然国内外的学者有多种表述，但精髓基本一致。归纳起来具体包含以下三个层面：

（1）引导学大生认识生命，进而重视、珍惜生命。首先，让大学生了解生命的诞生历程，领悟生命体所承载的希望，感受哺育生命的艰辛，从而形成对生命的珍惜之情和敬畏之情。其次，让大学生了解生命历程的酸甜苦辣，体会生活的艰辛、生命的脆弱与顽强，使他们学会感恩，懂得珍惜生命。再次，走进死亡教育，让大学生对死亡有一个理性的认识，使他们懂得生命的宝贵与有限，从而更加热爱生命，提升生命的意义与价值。

（2）教育大学生正确对待挫折和困难，培育健康的生命态度。生命是一个过程，在个体生命中不仅有鲜花和笑声，还有荆棘和泪水。生命教育要善于引导大学生体认生命负面状态的意义与价值。人生路上会遇到各种艰辛、挫折和不幸，但其中却承载着许多有意义有价值的东西，它不仅仅属于个体本身，还与父母、朋友、社会密切相连，所以在逆境中，谁都没有权利草率结束自己的生命。生命教育就是要让大学生明白："我是独一无二、与众不同的，世界上没有一个人能替代我！无论我身上有多少缺点和不是，无论他人和我有多么不同，我都必须要尊重他人、悦纳自己。"

（3）探讨生命的意义，提升对生命的尊重与关怀，陶冶健全人格。生命教育的根本职责在于"对生命意义的追寻"。人之所以为人，就是会去追寻存在的意义与价值。人不但要活着，还要活得有意义、有价值。帕斯卡说过："活着却不知道人是什么，这真是糊涂得不可思议。"如同苏格拉底的名言："未经思考过的生活不值得活。"人要不断地对生活进行反思和批判，在超越现实生活的基础上追求一种生命的永恒价值，它是对生命的突破、对本我的不断超越，以此实现"终极关怀"和人的理想与信念。

6. 生命教育的意义

生命教育是对个体从出生到死亡的整个过程中，通过有目的、有计划、有组织地进行生存意识熏陶、生存能力培养、生命价值提升，最终使其生命质量充分展现的活动过程。生命教育的宗旨是珍惜生命，注重生命质量，凸现生命价值。生命教育是一种全人类的教育（认识生命现象，感悟生命境界），是一种自我认识及自尊的教育（了解自己的优缺点和性格，并对各种生命现象持尊重的态度和人道的关怀），是一种生活教育（在生活中发生，也需要在生活中实践),是一种体验教育(身历其境的感受和体会)。

二、死亡教育

生命教育不可能不谈"死亡",因为生命就是有生有死的过程。谈论死亡,就得要触动生命,关于生命的意义,关于生命的方向的重新追寻,或关于如何停下来思索、调整,作出某些放弃。

死亡教育的目的是引导大学生通过对生死的思考,以便促使其对生命的警醒与觉察,降低大学生对死亡的害怕、恐惧与逃避,使大学生能够以坦然、积极的态度面对死亡,赋予对生命意义的重新体验与思考,懂得珍惜自己的生命及提高生活质量。

1. 死亡的定义

死亡的生物医学定义是:身体机能、脏器、器官及所有生命系统的永久地、不可逆地停止功能。其社会学定义是:人类有意义生命的消失,没有思想、没有感觉。

2. 死亡的特点

死亡的特点主要有两点:一是死亡的不可抗拒性,死亡来临时,所有人都无法自己选择;二是死亡的必然性,凡是生命都存在着死亡的必然性。

三、思考生命与死亡,提升人生价值

1. 了解自己的价值观,过幸福的人生

法国思想家卢梭说:"生命本身没有任何价值,它的价值在于怎样使用它。"人的生命本身就是一个不断成长、发展、生生不息的过程。生命就是运动,不间断的运动,一切静止就是死亡。但是生命比单纯的持续运动更为丰富,生命乃是在此基础上不断产生新内容的创造性运动,生命的意义就在于创造,在于给原本没有价值的生命创造出一个价值来。人通过创造去把握生活的变化,通过创造去发现生命的意义,通过创造去实现对自己生命的认识、把握和超越。每个人的生命过程都是不同的、独特的。

2. 为了目标不懈努力,过充实的人生

对生命意义的探求使人在不同人生阶段确立自己的生活目标,在实现目标的过程中感受到活得充实、活得丰富、活得精彩。一个人只有能够理解并承担生活中的责任,肩负起责任,才会感到满足和充实,真正能体会到生活的乐趣和意义。

心理小贴士

患者情况：吴某，男，十九岁，某大学二年级学生。家庭无精神病史及遗传病史，本人体检未见异常。

他出身工人家庭，有一个弟弟。父母对他和他弟弟在生活上管束较严，但在学习问题上对孩子们无过分要求。吴某上高中以前身心状况良好，性格开朗而倔强，好学上进，成绩优良，与同学关系很好；入高中后，由于班主任工作方法不当，使其受到长时间的精神刺激。吴某自述："自高中三年级到考入大学后，长期郁郁寡欢，对什么事情都感到兴趣索然，时常心烦意乱，学习感到吃力，考试成绩处于中下水平。现在，我对未来感到渺茫，毫无信心。与同学相处得也不好，整天忧心忡忡，不想与他人说话。时常感到神疲乏力，有时还感到气短、心悸、胸闷，心情极为痛苦烦闷，有时还产生出轻生的念头。我想尽快恢复正常身心状态，却始终找不到正确有效的方法。这样的状态持续已达三年多。"

心理医生："你不妨回忆一下，自己怎么会如此心境。比如，回忆一下哪件事情曾给你很大刺激。"

吴某："记忆最深的就是高中班主任对我的不公。有一次，班主任叫我父亲办一件私事，我父亲是个严正的人，认为办那件事是违反原则的，就拒绝了班主任。班主任便记了仇，在很多事情上故意刁难我，当我取得优异的学习成绩时，班主任便会在班上点名批评我骄傲自大、目中无人，等等；如果我考糟了，他也要在课堂上点名批评我，说我学习态度不端正、学习方法一窍不通、自甘落后，等等。更使人受不了的是，班主任还唆使其他教师一起整我，还用种种手段让班上的同学不理我。每当班上丢了什么东西，班主任就在课堂上点名质问我。最恶劣的是，他还散布流言说我与某女生有关系，作风不好，思想意识很坏，手脚不干净，等等。由于他的所作所为，我在学校里成了孤家寡人，几乎没有同学与我来往，甚至邻居也对我存有戒心，不让自己的孩子与我来往。而我的父母听到了这些流言后，不加辨析，也根本不听我的申辩，就是一味地训斥、打骂。父母还勒令我除上学时间以外，一律不准离家门一步。我在这种恶劣的环境中苦苦熬过了高中生活。那时候，我的心情十分苦闷、沮丧，但又无处诉说，时时刻刻都感到压抑。高中三年级下学期，我感到身心已极度疲惫，经常失眠，睡着了也是噩梦不断，这一切使我觉得生不如死，很想自杀。

但我又有所不甘，我想，如果我自杀了，大家不会同情我，只会说我果真是个没出息的人，我就把所有的心思都放到学习上，发誓要考上大学。我认为，只有考上大学，才能为自己争一口气，也才能离开那个鬼地方和那些小人。

"可是，考上大学后，我的心情并没有从此就好起来。学习负担重，与同学的关系仍是不好。一学年下来，各科考试的成绩都不理想。我觉得真是应了那句老话：'天下乌鸦一般黑'！很多同学都跟我吵过架，很多同学都不愿和我交往。我现在真的感到人生毫无意义，生活枯燥无味。我现在脾气很暴躁，谁要是伤害了我，我是不会让他好受的。我的身体现状也是每况愈下，时感乏力、心悸、胸闷、气短，有时会无端地感到紧张，紧张时语言表达不流畅，结结巴巴。以前我可是从不口吃的。"吴某在做上述陈述时，表情麻木，面容憔悴，两眼无神，说话吃力，语速缓慢，但意识清楚，能有条理地自诉病史。

分析诊断：由于吴某长期受到不公正对待，精神创伤严重，心情十分压抑，形成了孤僻、多疑的病态人格和歪曲的自我意识，并有自杀倾向；同时，由于长期抵制外界压力和考大学付出了巨大体力和精力，以及对大学繁重的学习任务感到难以承担，吴某已患有一定程度的神经衰弱。这一切使他在适应大学集体生活的过程中遇到了障碍。

经心理医生对他做 16PF 测试，显示出：在次级人格因素中，其心理健康水平低，焦虑性高；在十六种人格因素中，稳定性、恃强性和兴奋性得分低，聪慧性、紧张性、世故性得分高。在此心理状态下，吴某呈现出心境恶劣、情绪低落、无生活兴趣、沮丧忧伤、感到生活无意义和前途无望的忧郁症状。上述症状使其学习效率和生活质量明显下降，并持续达三年多。由于吴某无脑器质性疾病和其他躯体性疾病，故应诊断为抑郁症。

治疗方案：主要采用支持性心理治疗方法。

咨询与治疗：首先让吴某将压抑多年的郁闷从心中全部倾诉出来，然后解释之所以会出现目前这些症状的原因，使其正确认识自己目前的心理问题及其性质，纠正其对社会和人际关系的片面认识，从而客观地对待他人和所遇到的现实生活问题。其次分析吴某所具有的优点，在人际交往的方法上给他以具体的指导。

第二节　生命的心理评价

一、生死观的伦理溯源

伦理是指人类社会在长期生活中逐渐形成的处理人们关系的共识和规范人们行为的道德准则。它对人类行为的性质和方向起着引导作用和约束作用。自古以来，人类不断对生命进行探讨，追问生死的意义和价值，为后人提供了丰富的生死伦理资源。我国教育虽然也包括人生观教育，但多是从人生理想的角度进行的，给予学生的往往是具有抽象性的价值信念，很少涉及生与死的具体过程、意义及情感体验等问题，所以许多青少年学生对生死问题的认识是蒙昧的，对生命历程中的各种困扰也不能做出正确评估和采取适当的处理方式。

孔子说："未知生，焉知死。"这代表了儒家生死观。很多人认为儒家的生死观是重生轻死，其实不然。虽然在儒家看来，人死后既不是变成鬼，也不是基督教所说的进入"天堂"，而是没有明确的答案，但这并不是说，儒家并不重视死亡，正好相反，儒家是很重视死亡的。儒家提倡祭礼，主张"祭如在，祭神如神在"，就能说明这一点。所谓"慎终追远"，就是把死亡看作生命延续过程中的重要事情来对待的。死亡既是生命的结束，也是生命的开始，对生者而言，具有重大意义。正因为有死亡，所以要重视生，死亡的意义，就在于如何对待生，生命的意义由死而显示出来。

西方的生死伦理观虽然派别众多，但是主流观点可以概括以下 3 个方面：首先，直面死亡，寻求超越。苏格拉底、柏拉图、斯多葛学派把死看作物质生命的精神升华，基督教及其哲学则更是把死提升为达到新的生命的途径。其次，责任是生命价值的核心。死亡意味着生的终点，也因此凸现出生的意义。意识到死，才会只争朝夕、充实自我、奋斗尽责，让生命焕发出耀眼的光彩，提升生命的价值，把对死亡的追问作为对生命意义的特别解读。再次，生与死的质量是统一的。近年来，人们越来越将死视为一种权利。自杀是一种选择死亡的权利。近年来，对死亡权的理解更倾向于将其理解为一种选择的自由。伦理道德提醒人们，尊重别人的选择是对他最大的尊重。在澳大利亚的《北领地末期病人权利法》中，死亡权被表述为任何人对其生命均得按其本身之价值，有选择的自由,前提是其选择不能侵害他人的自由;任何人无义务经历无法忍受的痛苦;末期的疾病会引发无法忍受的痛苦;病人宁愿死亡而不愿罹患痛苦的选择,并不干涉他人的自由;当病人罹患无可忍受的痛苦时,应有选择死亡的自由。

在此需要强调的一点是:大多数大学生的自杀与上述的有关末期病人了结生命是不同的,因为末期病人通过安乐死等方法来结束生命,完全是由于病魔所带来的无法忍受的痛苦,但大学生自杀却不是这样的原因。事实上,从上可以看出,东西方文化中都比较重视生命的责任。换而言之,生是一种负责任的态度,而自杀则是不负责任的态度。早在1775年,卢梭就在其著作《论人类不平等的起源和基础》中指出"无论以任何代价抛弃生命和自由,都是既违反自然同时也违反理性的"。而且,对生命的放弃——自杀,虽然是一种个人的选择,但它无疑是对生命的亵渎,毕竟"身体发肤,受之父母",也是没有很好履行义务的表现。

大学生与社会、国家、集体的利益密切相关。如果允许大学生随意地处置自己的生命,无疑就是在损害社会、国家、集体的利益。当然,特别是对于那些不理智的自杀行为,如若予以纵容还会严重地威胁到自杀当事人自身的利益。

(1)自杀者的死亡是对自己的不负责任。不论自杀者本身是出于什么原因而决定自杀的,他的这种不理智的行为都是对生命的藐视与亵渎。这样的人自认为是看透了世间百态,生活下去已经没有任何意思,殊不知他们并没有看清世界上最为玄妙的生与死。在这种情况下,武断地结束自己宝贵的生命是不可理喻的。特别是当代的有知识、有文化的大学生,自杀更是对自己人格的忽视,是没有责任感的表现。在2002年,就有一个关于"当代大学生的自我责任观"的调查。在问及"您认为您是一个对自己负责的人吗"时,回答"不确定"和"不是"的竟然占到总调查学生的34.8%。这说明了当代大学生对"自我责任的践履状况"的自我评价不是很高,在理解人生意义和选择人生去向时存在一定的困惑和盲从。这也就难怪会有这么多年轻的生命在还没有绽放之前就早早地凋谢了。

(2)对家庭的不负责任。当代大学生大部分都是独生子女,本来就是家中的宝,再加上又是大学生,所以在家庭中的地位更是无人可比。特别是从贫困家庭飞出来的"金凤凰",可以说,全家甚至全村的希望都寄托到他一个人身上了。根据调查,一个家庭培养一个大学生至少需要7万元,这就更不用说培养重点大学、优秀专业的大学生所需要的花费了。因此,无论是从经济上还是从感情上,家庭给予大学生的太多了。如果这个学生自杀了,那么对家庭的打击将是无比巨大的,对家人也是不负责任的表现。

(3) 对学校和社会的不负责任。虽然大学生在拥有生命权的同时也有放弃基本权利的自由——完全可以自由地选择死亡,但是大学生的选择对身边的人产生了严重的而且是极其消极的影响,这是一种侵害他人生活和自由的行为,是不值得提倡的。死亡给生者所带来的不幸,远远大于它给死者所带来的不幸。研究表明,在对性别、年龄、居住地、研究区域等其他变量进行校正后,用非条件逻辑回归模型将 882 例自杀死亡和 685 例突然死亡的所有相关变量的数据相比较,得出导致自杀的 9 个重要预测指标,这些预测指标为(按重要性由大到小排列):死前两周抑郁症状分很高;曾经自杀未遂;自杀时有急性应激事件;死前一个月以上的时期内生活质量差;死前两天有严重的人际冲突;严重的慢性刺激;朋友或有关系的人曾有自杀行为;血亲曾有自杀行为;死前一个月以上的时期内社交水平差。同时存有多种自杀危险因素使自杀可能性明显增加:在 1 567 个病例中,9 个危险因素中具 2 个以下因素的人,只有 1‰的人死于自杀;而具有 2 个或 3 个危险因素的人中,32%死于自杀;具有 4 个或 5 个危险因素的人中,82%死于自杀;具有 6 个以上危险因素的人中,96%死于自杀。可见,在 9 个重要预测指标中,有两个造成自杀的因素都是身边的亲戚或朋友曾经有过自杀的经历。这可以有力地证明,一个人的自杀不但会给身边的人带来无尽的痛苦,而且很有可能导致身边的亲友在以后的生活中如若遇到逆境,也会采用同样的方式来解决问题——通过自杀来逃避现实。一个人的自杀,不仅令身边的人痛苦,而且还会有产生自杀仿效的可能性。这对社会文明发展有着严重的遏制和扭曲的作用。此外,大学生作为社会的精英或者说是未来的精英,国家通过学校给予他们很多支持。他们的自杀不但是自身生命的丧失,更是对国家物质资源、精神资源的浪费。这些大学生不但没有报效祖国,为国家创造财富,反而还浪费了国家资源,是对社会的不负责任。

由此可见,树立科学的生死观念,正确对待生命,完成生命应该承担的伦理责任,是当代大学生的必修课。家庭、学校和社会应该重视死亡教育。死亡教育,简言之,就是探讨各种与死亡相关主题的教育。古希腊哲学家塞尼卡曾经讲过:"生命历程中,人必须不断地学习如何生活,更令人意外的是,整个人生历程中,人也必须不断地学习死亡。"西方国家不仅就死亡问题进行认真研究,而且在逐步开展和普及死亡教育。国外许多学校都开设有死亡教育的课程。有关"死亡学"(thanatology)的研究,在美国约起源于20世纪50年代末,也有所谓"死亡教育"(death education)开始在学校中推行。在美国和英国,死亡教育和悲伤咨商(grief counseling)已愈见繁荣。英国计划为年龄达到11周岁的在学儿童开设与死亡有关的课程,其目的在于使学生体验到与遭遇损失和生活方式突变有关联的复杂心情,并学会在各种非常情况下把握对情绪的控制度。国外死亡教育不仅在改变人们对死亡的态度和防止自杀方面,而且在提升人们的生活质量和获得较高的生存品质方面起到了重要作用。

二、大学生死亡的社会关注

从心理学的角度来看,作为自己对自己生命的了断——自杀似乎是一种再个人不过的行为了。但是,用社会学视野来看待同样的问题,就会发现一个全新的世界。法国社会学家迪尔凯姆曾经在著作《自杀论》中指出:如果人们不是将自杀看作与其他事物无关的、孤立的、可以单独加以研究的事件,而是将一定时期内发生在一定社会中的自杀现象作为一个整体来研究,那么自杀就不再是孤立的个人现象了。就其本质来说,它具有社会性质,是一种社会现象。这也就是说,同样是自杀现象,心理学研究的是每一个自杀者及其周围人的心理活动,从而了解自杀者的主观原因。而社会学则不局限于个人的心理状况,它更强调自杀者这个群体的特点及其所处的社会环境,由此揭开自杀的神秘面纱。根据社会学原理,人是一种社会型动物,其成长过程也就是一个社会化的过程,因而每一个人的行为都具有社会性质。每一个行为源于社会,更通过对身边的人的影响而深深地改变着整个社会。所以,要想研究自杀的原因,社会因素是不可忽视的。

1. 我国正处于快速社会转型时期,新的社会规范还未定型,导致自杀率上升

根据迪尔凯姆的研究,在工业危机和金融危机时期,自杀率都出现上升的现象。1873年,维也纳爆发了金融危机,在1873年和1874年间,自杀人数与前两年相比分别上升了51%和41%。其原因在于这些危机打乱了集体的秩序。人们能够生活是因为其需要与满足需要的手段相一致,而当社会出现失序,即社会发生动乱时,个人的生活秩序也会遭到破坏。这就难怪当社会发生动乱时,人们难以继续生活下去,所以选择死亡。

具体到大学生,快速的社会转型导致社会失范,新的社会规范还未定型,价值观多元化导致许多大学生无所适从。改革开放的30多年里,政治、经济、文化都发生了翻天覆地的变化，特别是多元的文化更是让心智尚未成熟的当代大学生倍感迷茫。大学已经不再是象牙塔，本科教育的平民化剥去了过去大学生头顶上的耀眼的光环。对学习目的的不明确、对未来生活的迷茫令许多大学生沉迷于网络或者是其他形式的消遣活动，研究其目的竟是觉得生活没意思，想要逃避现实。社会环境与个人生活环境的失序足以让大学生的生活秩序出现问题，因而很容易自杀，并且这种自杀从思想的产生到行为的实施，其间往往是很短促的。年轻气盛的大学生一时的情绪低落、失望、迷茫都有引发自杀的可能性。

2. 个体异质性增强，社会整合度低，导致大学生群体归属感较弱，进而引发自杀率的上升

迪尔凯姆发现一个很奇特的现象，自杀随着科学的进步而发展，而且越是处于社会上层、文化程度越高、越有教养的人群自杀率越高。当前我国大学生自杀率的提高源于社会的低度整合。根据调查，社会关系的数量、时间长度和质量与自杀发生的可能性成反比。也就是说，拥有婚姻、职业或其他社会关系的人通常比那些缺乏这些社会关系的人自杀的可能性要小很多，因为这些拥有更多社会关系的人会有更多的社会支持和无形的社会控制。一方面，如果缺乏了这种社会支持，个人主义就会不断地膨胀，从而导致孤独感的产生，群体成员之间的联系渐渐变少，成员对自己所属群体的归属感和依赖性也渐渐下降。这就造成当个人遇到挫折或不幸的时候，客观上得不到集体的关心与爱护，从个人主观上也认为自己的事与别人无关。所以，在孤独的环境下，很容易陷入伤心、绝望的境地而无法自拔。另一方面，无形的社会控制是指许多自杀都会被其他人的行为有意无意地干预。也许是因为拥有社会支持，社会关系有效地干预了自杀，或是因为他人一个无意的举动而影响了自杀当事人的想法。据调查，很多自杀者作出了结自己生命的决定不过是在具体实施行动的前5分钟，甚至更短时间。也许就是一个小小的不经意的举动便挽救了一条生命。社会整合度低还源于社会的变迁所带来的现代化的发展——现代化的结果导致了家庭结构的改变、工作生活的改变、文化的多元、社会生活的个体化、城市化、个体孤立、缺乏集体的保护，所以自杀率上升。

现代社会个体的异质性不断增强，风华正茂的大学生更是个性十足，这难免会导致个体与集体的相脱离。例如，瑞典在1810—1899年间，自杀率增长了5倍；俄罗斯在20世纪死亡率大幅度增长（1910—1999年间增长了11倍）。特别是在中国，经济体制和社会格局在30多年内的巨大革新，使得外来文化对我国传统的一元文化带来十分严峻的挑战。现代社会的文化呈现多元化现象,而集体的力量则是在逐渐衰落。作为"社会思想先锋"的大学生拥有了更多、更开放的思考空间,因而会对其所接受的文化、信仰产生了极大的怀疑,这些都使很多大学生的思想游离于集体之外,出现孤独现象,从而成为自杀思想产生的根源。

由此可见,无论是从大学生个人的原因还是从整体的社会环境与社会风气、现代化发展的状况来看,许多因素都有可能成为大学生自杀的导火线。所以,社会、学校包括家庭需要对症下药,提高集体的整合度,让大学生生活在一个有凝聚力的集体中,集体成员之间互相交流思想和情感,得到相互的精神支持。从而每一个成员都能融入到集体中,并充实整个集体,这就令大学生的生活、学习环境实现良性循环,从提高社会整合度的角度减少大学生的自杀。

每个人都是社会的成员,都是社会化的成果,所有的言行举止均产生于社会又反作用于社会。而大学生主要聚居在学校中,因此,学校理当要给予学生更多的关爱。家庭是社会的细胞,大学生的社会化过程几乎都是从家庭开始的,家庭在一个人的一生中起着举足轻重的作用。因此,要预防自杀,这3个外在于大学生个人,又深刻影响大学生的因素应该受到足够的重视。

社会上要有更多的相关社区,开展富有意义的活动。让大学生业余生活不再孤独、不再无聊,通过活动引导大学生积极主动地享受生活——不论是生活中的困苦或是乐趣。创建相关的组织去关心那些有困难、需要帮助的大学生,让他们感受到社会大家庭的温暖,融入到集体中来,增强集体意识和对集体的认同感。其实,创建和谐社会的目的正是要建立一个有高度社会整合力的社会,让全社会成为一个有内聚力的集体。

社会、学校、家庭三者相互协调、共同努力,就一定能够更大限度地预防各种形式的自杀,而且还能够让当代大学生拥有更加完美的学习、生活环境,让大学生活成为一生之中最为美好的回忆。

三、大学生死亡的法律警示

大学生自杀是一个现实而又严峻的问题,其原因虽然复杂多样,但是其中也涉及法律责任问题。一旦大学生自杀,其家人就会向学校兴师问罪,关于高校和其他相关者是否要对大学生自杀承担法律责任这个问题,目前争议颇多。

一种观点认为,自杀是一种权利,是人权的一部分。当今社会是一个法治社会,社会通过法律的形式制约着每一位公民的行为。以我国为例,中华人民共和国公民拥有一系列基本权利和基本义务。许多人又称这些"基本权利"为"人权",以表明它们是人所固有的权利,也有很多严谨的学者把"基本权利"称为"基本人权"。在中国共产党第十五次全国代表大会就提出了"尊重和保障人权",并在2004年第四次宪法修正案中第一次引入了"人权"这一概念。人权中就包含了生命权,如果一个人选择了自杀,就是说他主动地放弃了生命权这种基本人权,而选择了死亡权。

还有一种观点主张立法惩罚自杀者。自杀,顾名思义,是与"他杀"相对应的一对概念,是指故意剥夺自己生命的行为。对于自杀,各国的法律一般不认为是犯罪。但是,由于自杀会对整个社会的风气产生极为不利的影响,因此,自古就有很多国家采取一定的应对自杀行为的措施。例如,英国早期的普通法中就明确规定:自杀为重罪,对死者要以特殊的葬礼加以羞辱,并且还要没收其财产。而美国的某些州也依然沿用了早期英国的普通法,不但将自杀定为是重罪,而且还要对自杀未遂的人处以死刑。千百年来,这样的做法备受争议,一直到今天也还没有一个定论。

上述两种观点代表了不同的法律理念:一种是消极自由观,认为自杀是当事人的权利,其他人不应该采取任何措施去防范或者追求任何人的法律责任;另一种是积极干预观,认为应该通过让当事人负法律责任来防范自杀事件的发生。这里不拘泥于哪一种法律理念的对错,而是进一步探讨大学生自杀事件中产生的法律问题。

具体到我国当前大学生自杀引发的法律责任归属问题,应该具体问题具体分析,不能一概而论。

对于在校大学生的意外伤害,高校应该承担的法律责任,我国现有的法律都没有确切的规定,缺乏具体指引和可操作性。因此,问题一旦发生,双方之间往往共识少、分歧多,甚至发展到对簿公堂地步的也不在少数。一般来说,如果当事人因为学业、就业、人际关系、家庭等压力及自身问题而导致的自杀,学校和其他任何人都不应该承担法律责任。2002年实施的《学生伤害事故处理办法》规定了因下列情形之一造成的大学生伤害事故,学校已履行了相应职责,行为并无不当的,不承担法律责任:① 地震、雷击、台风、洪水等不可抗的自然因素造成的;② 来自高校外部的突发性、偶发性侵害造成的;③ 大学生有特异体质、特定疾病或者异常心理状态,校方不知道或者难于知道的;④ 大学生自杀、自伤的;⑤ 在对抗性或者具有风险性的体育竞赛活动中发生意外伤害的;⑥ 其他意外因素造成的。

例如,西南林学院学生刘某,因感情问题产生轻生念头,曾打算跳楼自杀,被民警奋力救下后,学校及同学对其进行了思想疏导,但刘某再次出走,并从昆明市西山森林公园的著名景点"龙门石崖"跳下自杀。对此,刘某的家人认为学校管理不善,导致其自杀成功,将该校告上法庭,要求学校赔礼道歉并承担精神损害费5万元。昆明市官渡区人民法院依法审理了此案,驳回了刘某家人的诉讼请求,但其母不服,遂将该案上诉至昆明市中级人民法院。法院审理后认为:刘某在事发时已年满20岁,具有完全民事行为能力,应对自己的行为负责,在刘某轻生获救后,学校对其做了大量思想工作,尽到了管理义务,刘某再次出走自杀,应由其本人负责,学校对其死亡没有直接的因果关系。而且学校在其自杀后,以积极态度补偿了原告生活困难补助费等31 787.7元,故不应承担民事责任。

那么是不是说自杀就与法律无关呢? 答案是否定的。人是社会型动物,因而其行为与周边的人存在很大的关联性。翻阅众多的法律文件就不难发现,对于自杀我国的法律是有一些规定的。针对大学生自杀的现象,不妨从中抽取一部分来分析大学生自杀的法律责任。如果因为学校管理不当,或者其他相关者的不正当行为导致当事人自杀的,应该追究学校和其他相关者的法律责任。

由于故意挑唆,引起他人自杀的决意,致使其自杀的行为,叫教唆自杀。从法律上来讲,一般情况下,大学生都是达到法定年龄和具有责任能力的人,所以符合被教唆对象的法律要求。如果有一个主观上是出于故意,客观上自杀当事人的自杀行为又与教唆行为存在因果联系,那么这个教唆者就构成了教唆自杀。

而对已有自杀决意的人给予各种帮助,使其达到自杀目的的行为,则被称为帮助自杀。与教唆自杀一样,帮助自杀的成立要求主观上帮助者实施帮助自杀是出于故意的行为——明明知道自己的行为会发生他人自杀的结果,并且希望或放任这种结果的发生;客观上又实施了促使他人自杀的帮助行为。对于教唆自杀和帮助自杀的行为,不同的国家有不同的规定。《日本刑法典》第202条规定:教唆或帮助他人使之自杀,要处以6个月以上7年以下惩役或监禁。但在我国刑法却没有明确的规定。在司法实践中,依照情节而定,有的按故意杀人罪从轻处理。大学生来自五湖四海,生活习惯固然会有些不同,而且长期聚居于大学校园中,同学之间、师生之间难免会有一些摩擦。由于报复心理的驱使,高智商的大学生会采取不同手段,教唆或帮助身边的其他大学生自杀。这本来就是一种无知的表现,体现出其人性的扭曲。更可悲的是,众多大学生还不知道自己的行为有可能会触犯法律。这种愚昧的想法本不应该出现在当代大学生的身上。

大学生正处在心理发育的关键时期,接受新事物的能力比较强,思想比较开放,再加上网络的力量使得大学生能够很容易、很快速地就了解到社会上的信息。但是,大学阶段还是个人心理上的断乳期,因此,对于很多问题无法有一个全面、成熟的看法和视角。例如,在网络上就有一些教唆自杀的信息,还有对自杀手段的介绍。这些都会对大学生的心理产生极其消极的影响。其中,很难讲就没有大学生是因为受到社会,特别是网络信息而产生自杀念头的例子。但是,我国的相关机构并没有采取积极有效的措施加以处理,我国的法律更是没有这方面的先例。

除了教唆自杀和帮助自杀外,逼人自杀也被我国法律所收录。逼人自杀俗称"逼死人命",是指用暴力、威吓、辱骂、欺骗等手段迫使他人不得已而结束自己的生命。逼人自杀按照具体案情的不同可以归结为 3 种情况:行为人以暴力、威吓逼迫被害人自杀,或者以欺骗手段诱骗被害人自杀。这是一种典型的逼人自杀案件,行为人有剥夺他人生命的主观故意性,而客观上又使得被害人自杀,只是行为人并没有亲手杀死被害人。根据我国相关法律的规定,这是故意杀人的行为,要受到相应的惩处。

例如,某高校的一女生寝室因小纠纷而争吵起来,由于受不了同学的围攻,其中一名女生纵身从 5 楼跳下,当场死亡。该女生的行为显然是自杀,但是,其自杀的原因是受不了同学的围攻,因此该案可以判定为被害人受到暴力、威吓逼迫自杀,相关行为人属于逼人自杀,其中主要行为人还涉嫌故意杀人罪,将受到法律的严惩。

还有一种逼人自杀的情况就是被告人实施了违法犯罪行为,如虐待、侮辱、诽谤等,从而引起被害人自杀。在这种情况下,行为人的违法犯罪行为与被害人的自杀行为存在因果关系,客观上也导致了被害人的自杀。但是,与上一种情况不同的是,在此,行为人并没有剥夺被害人生命的主观故意性,因此不能定性为故意杀人罪。

最后一种情况则是虽然行为人的行为同死者的自杀有某种联系,但不是主要的原因,自杀行为的发生主要是由于死者心胸过于狭窄。这个时候,不负任何的刑事责任。

避免大学生自杀现象的在发生,首先要纯净大学生的社会环境,不但要从道德上谴责教唆自杀和帮助自杀的行为,还要从法律的层面上对相关行为人予以严惩。毕竟有时候道德是软弱无力的,它需要有法律作为其坚实的后盾。因此,为了有效地预防自杀,特别是大学生自杀,我国应该建立相关的法律法规,严惩教唆自杀和帮助自杀、逼人自杀等行为,从法律的角度加大预防自杀的力度。

此外,学校、大学生等各个方面都要认真履行自己的法律责任和义务。一方面,为大学生创造良好的学习、生活环境;另一方面,则用法律来规范自己的行为,在做出任何行为之前都要考虑到自己所要承担的法律责任。

第三节　珍爱生命,拯救生命

一、大学生自杀的心理原因

1. 大学生面对的外界压力过大

随着经济的迅速增长、社会的快速发展,社会的竞争力也日益激烈,大学生这一群体被视为未来社会的精英,正处于心理走向成熟的转型期,承受着来自各个方面的压力,如不能及时疏导,日积月累便不堪重负导致自杀。一般来说,大学生面临的压力主要来自于学习、就业、人际关系和家庭等方面。2006年南京工业大学团委组织了南京大学生心理健康问题调查,对南京6所高校的500名学生进行了统计了解。调查表明,在校大学生在心理面临着很大或较大压力的占50.3%,感觉压力一般的占40.0%,仅有9.7%的大学生感觉压力不大或者没有压力。而压力的主要来源,一方面,来自就业压力和社会竞争,该因素占46.7%;另一方面,主要来自学习,有23.1%的大学生认为学习负担过重,担心考试不及格,另有17.4%的大学生的心理压力来自于家庭。

在今天,学习成绩已成为影响大学生情绪波动的第一因素,大学生在学业上更具进取心。很多大学生在高中时期都是原先班级甚至学校里的佼佼者,自然会在心中形成一种“自己的成绩就应该很优异”的观念,可是大学是一个人才聚集的地方,有的大学生发现自己不像原先所想的那么优秀,这时就会产生对自己能力的怀疑;有的大学生在学习生活上定的目标,因为努力不够没有达到,或者努力了却没有达成,就会产生对自己的不满,以至于这种理想自我与现实自我的冲突导致了心理上的波动。这时,有的大学生会觉得自己无能而觉得丢脸,或者认为自己对不起对自己充满期望的家人,如果得不到及时的开导和有力的帮助,他们就会陷入深度的自责、失望,对生活没有信心,最后作出极端的行为。

大学毕业人数的增加,使得就业形势非常严峻,大学毕业生初次就业率逐年下降。很多大学生对未来没有规划,就业时容易感到压力,加上心理健康教育的缺乏,致使一些大学生不能很好地面对问题并进行自我调整。

大学生在进入大学之前,他们的主要任务就是学习,所涉及的人际关系也较为简单。但是进入大学以后,学习专业知识是大学生的必修课,学会与人相处同样是一门学问。对于大学生这个处于成年早期的群体而言,美国心理学家埃里克森认为他们面临的发展危机便是建立亲密关系和孤立于他人这一矛盾。这对矛盾的一端是青年人和他人建立起良好的同伴关系或爱情关系,另一端则是因为害怕被拒绝和害怕失望而离群索居。他们需要独立面对生活上的各种问题,人际交往、团体合作,这些方面的活动不再只是独自学习可以应对的,而是需要处理个人与群体的关系。这个时候,为了很好地与周遭的人相处或者合作,就必须适应和顺从群体生活和合作的规则。然而当前大学生很多都是独生子女,自我意识较强,导致人际关系不和谐。现实生活中,这样或那样的因素使大学生处理不好人际关系,最终导致各种心理问题的产生。

2. 造成大学生自杀的心理原因既有外来的压力过大,更重要的是内因

内因就是指大学生本身的性格。据了解,大部分自杀的大学生都有着类似的性格,他们大多数比较内向、偏执,以自我为中心,人际交往比较冷淡,较为孤独,正是因为他们平时不愿与他人交流,从而发生了事情都藏在心里,最后走向极端。有的大学生性格比较理想主义,想法过于不切实际,过分地完美主义,不能接受现实,那么,当他们面对现实生活时,可能会因为无法承担现实与理想的差异,从而无法从自己的幻想中跳出来,最后导致自杀。有专家认为,多数自杀的大学生都有程度不同的精神问题或者心理异常问题,精神障碍和性格上的病态是造成大学生自杀的内在素质起源。自杀这种行为与行为者的本身性格有着密不可分的联系,一般采取自杀行为的大学生都有这样的性格特征:① 内向,人际交往很少;② 固执,以自我为中心;③ 悲观,忧郁;④ 生活单调,没有兴趣爱好;⑤ 平日行事怪异;⑥ 没有生活目标,或者目标过高或者空洞。有这样的性格的大学生往往自杀率比较高。

3. 缺乏挫折教育,不能正确对待挫折也是大学生自杀的一个重要心理原因

人生在世都会遇到大大小小的挫折和坎坷,能否以正确的心理排解挫折,直接关系到一个人遇到挫折后的身心健康,这些都取决于挫折承受力。所谓挫折承受力,就是指一个人遇到挫折后,适应、应对、解决挫折的能力。大学生阅历浅、经验不足,之前的生活也比较平坦,没有足够的能力去应对各种问题,遇到后也不知道怎样调节自己的心理,导致最后采取极端的态度。大学生在进入大学之前的大部分生活比较安定,没有遇到过大风大浪,在他们进入社会之前,并没有意识到自己未来的人生会遇到怎样的挫折,有些大学生理所当然地认为自己的人生应该是一帆风顺的,所以一旦遇到问题,就会不知怎样面对,认为是自己倒霉,或者遇到一些小问题,就无限放大、怯于应对,只知道害怕和逃避,这样不免会在遇到坎坷时不能冷静对待,一开始就造成心理上的压力。由于大学生的生活经历比较少,并且处于心理从不成熟走向成熟的过渡阶段,所以他们在遇到问题时往往不能冷静沉着地应对。如果事后及时地调整心态,平缓不安的情绪,找到适当的途径发泄心中的不快,如向好朋友诉苦、找有经验的人帮忙,或者找一些其他方面的事情转移注意力,那么就能及时地从受挫的郁闷中走出;但是,如果不能及时有效地排解挫折和调适遇到挫折后的不良情绪,那么就有可能让他们的心理越来越脆弱,对挫折变得敏感,以致再遇到困难时心理承受能力越来越弱,遇到挫折后的不良情绪更加严重,从而导致自己陷入无助、绝望的情绪中不能自拔,然后在不知怎样应对的绝望心情中自杀。

以上就是导致大学生自杀行为的心理因素,在了解了大学生自杀行为的心理原因和大学生自杀这一社会现象的严重性后,就应该采取有效的措施帮助大学生营造健康的心理状态。

二、珍爱生命

在人的一生中,也许会遭受各种不公正的待遇,如家长的否定、同学的嘲讽、老师的误解、好友的背叛等,所有这一切如毒蛇缠身、利箭穿心。人在左躲右闪的同时,身心疲惫、焦虑憔悴,人心也柔弱得不堪一击,生命亦有不能承受之轻。在人格、尊严遭受摧残之后,人们总是重新审视自我,追问生命的价值:"生活是否还有意义,生命的价值究竟是在哪里?"

这份困惑如此沉重,生命的承诺也如此沉重。

每一朵花,只能开一次,只能享受一个季节的热烈或者温柔的生命。生命对每个人也仅有一次,是无价之宝。享受美丽的生命,享受人生的波澜起伏,享受现实存在的痛苦与人类坚忍不拔追求理想所带来的快乐,享受各种情感和事物的美,这就是生命的价值。

人的生命也是短暂的。当谈起人的一生时,很多人愿意用"漫长"这个字眼来渲染,但有人却说:"人的一生如果好的话,也就三万天左右。""三万天左右",这就是生命之轮行驶的轨迹。透过这个数量词来界定生命的时候,那种匆忙,那种急切,那种一个数字一个数字流逝的倒计时思维,那种日子被一页页撕去,季节不断更替轮回的感觉,给人一种无法言语的逼近和紧迫。

人的生命也是脆弱的,疾病、天灾和人祸都能夺走人的生命,如 2003 年"非典"疫情的肆虐、2008 年四川汶川特大地震灾害,以及诸多的人为造成的意外事故等,原本鲜活的生命在这些天灾人祸面前变得软弱无力,脆弱的生命也需要人们倍加呵护。

古往今来,无数的人在创造生命的奇迹。霍金,21 岁时就患上了"卢伽雷氏症",几乎被判了死刑,之后的手术,又使他完全失去了说话能力。就是在这种情况下,他凭着自己坚强的毅力写出了著名的《时间简史》一书。张海迪 5 岁时患上了脊髓病,胸部以下全部瘫痪,但她没有沮丧,而是发奋学习,学完了小学、中学的全部课程,自学了大学英语、日语、德语和世界语,并攻读了大学本科和硕士学位,并编著了诸多文学书籍。海伦·凯勒,在全盲全聋哑的情况下,读完大学课程,并成为一名优秀的作家。也许,有人会说,他们这些人是天才,是特例,那么就来看看身边的人和事。北京残奥会的赛场上到处可见身残志坚的强者;汶川大地震的救灾过程中每天都在发生生命的奇迹,人类的生命极限也一次次地被打破,这些不得不让人们感叹生命的顽强。

生命需要坚强,生命需要人们去珍惜和爱护。反观现实生活中,轻视生命的大有人在,有的人因为老师和家长的批评,或者为情所困,甚至因为和好友闹了点小矛盾,就想要了断自己的生命,这些都是不可取的。

珍爱生命既是一种态度也是一种行为。珍爱生命,需要人们从以下一些方面去努力:

(1)为爱而生。爱能创造奇迹,爱是一切的原动力。对自己充满爱,对父母充满爱,对亲朋好友充满爱,你的生命将更加美好。

(2)简单生活。简单生活,减少不必要的欲望,自然就会减少失望。

(3)别为小事生气。在生气之前,思考一下,如果生气不能改变情况的话，又何必生气呢，不要让自己"赔了夫人又折兵"。

（4）别对你的人生说没空。"明日复明日，明日何其多。"今天该学习就要学习，该休息就要休息，不要把今天该做的事情留到明天，最后的结果只能是"人生到头一场空"。

（5）活出健康的人生。生命是娇柔脆弱的，容不得半点沙子，不论是心理还是生理出现了健康问题，都会使我们的人生遇到障碍。

（6）学会分享。快乐的心情与人分享，可以使快乐加倍；痛苦的心情与人分享，可以使痛苦减半。这就是分享的功效。自己拥有的东西再多，不与他人分享，只能是"一潭死水"，那么，就让生命之水流动起来，学会分享。

（7）勇闯生命难关。人生难免遭遇挫折，苦难也是一笔财富，只有实实在在地体验痛苦、体验失败、体验等待、体验冷暖，人才会真正变得充实起来、坚强起来。

（8）再试一下。人生最大的压力来源是怕压力，当你相信自己能面对事情时，这已是一个好的开端，你要相信："别人能，你当然也能；这次不行，下次再来。"

（9）把生命当成一笔财富。时间就是财富，但是时间的意义在于运用，而非节省，所以我们要好好运用每个人都平等拥有的财富。

愿每个人都告别不安和抱怨；愿每个人都能拥有勇气、乐观和进取心；愿每个人都能在思索中前行，在自审中修炼，在追求中创造生命的价值。

三、拯救生命

预测人的行为是一件比较困难的事，预测自杀行为就更困难。因为自杀的原因非常复杂，常常连与自杀者接触极其密切的人都难以觉察其细小的变化。而且自杀行为常常带有突发性，令周围人措手不及。即使通过种种征兆发现了自杀的迹象，进行危机干预也并非易事。直接对当事人说，会使当事人感到自己隐私被侵犯，反而增加危险性。但是，自杀的预防又是可能的，因为自杀行为有一定规律可循。因此，只要抓住机会、因势利导，及时提供心理支持和帮助，预防自杀行为是可能的。

1. 识别校园自杀

（1）了解导致大学生自杀的危险因素

导致大学生自杀的危险因素包括家庭变故，与同学或朋友绝交，自己敬爱的人或对自己有重要意义的人死亡，恋爱关系破裂，与他人的纷争及丧失，发生违法违纪事故,受到同学排斥、孤立,受人欺负或迫害,学习成绩不理想或考试失败,在考试期间承受过多的压力,经济困难等。

(2) 了解自杀的征兆

自杀并非突发。一般而言,自杀者在自杀前处于想死同时又渴望被救助的矛盾心态时,从其行为与态度变化中可以看出蛛丝马迹。据南京危机中心调查,61 例自杀的大学生中,有 22 人曾明显地流露出各种消极言行以引起周围人的注意。日本心理学家长冈利贞认为自杀者在自杀前会发出种种信号,可以从言语、身体和行为 3 方面观察。

• 言语。有自杀意念的人会间接地、委婉地说出来,或者谨慎地暗示周围,如"想逃学""想出走""活着没有意思"等。

• 身体。有自杀意念的人会有一些身体症状反应,如感到疲劳、体重减轻、食欲不好、头晕等。这往往是抑郁情绪所致,不能简单地认为是身体有病,应引起注意。

• 行为。当自杀意念增强时,一些人在日常生活中会表现出不同于平常的行为,如无故缺课、频繁洗澡、看有关死的书籍,甚至出走、自伤手腕等。

根据以上种种征兆,可以为预防自杀提供线索和可能。

(3) 改变对自杀的模糊观念

社会上对自杀这种行为所持的态度和认识差别很大,其中有一些错误的观念,若不加以纠正,对自杀预防不利。

• 自杀无规律可循。自杀事件常常带有突发性,一旦发生,周围的人常感意外诧异。其实大部分自杀者都曾有过明显的直接或间接的求助信息,他们在决定自杀前会因为内心的痛苦和犹豫而发出种种信号。

• 宣称自杀的人不会自杀。当有些人向他人透露自己会自杀,尤其是用语带有恐吓成分时,他人以为他们不过是说说而已,真正想死的人是不会把自己打算告诉别人的。其实研究表明,80%的自杀企图者在自杀前曾向他人谈论过自杀,这种人很可能会有自杀的举动,必须高度重视。

• 一般人不会有自杀念头。很多人以为一般人不会存有自杀念头。综合国内外研究结果显示,30%~50%的成年人都曾有过一次或多次自杀念头。对于性格健康、家庭关系好的人,自杀意念可能只是一闪而过,很少发展为真正的自杀行动;而性格或精神卫生状况存在问题的人在缺乏社会支持时,自杀念头有可能转变为自杀的行为。

• 所有自杀的人都是精神异常者。有人认为只有精神病患者才自杀。

但事实证明,自杀的人大多不是精神病人,只有20％的自杀者是抑郁症或精神分裂症患者。大多数自杀者是正常人,他们只是有暂时性的情绪障碍。

- 自杀危机改善后就不会再有问题。有自杀企图的人经过危机干预状态改善后,情绪会好转。周围的人常常会误认为自杀危险性降低了,而放松防范措施。自杀危机改善后,至少在3个月内还有再度自杀的可能,尤其是抑郁病人在症状好转时最有危险性。

- 对有自杀危险的人不能提及自杀。很多人担心,对那些有情绪困扰的人、有自杀意念的人,主动谈及自杀会加强他们自杀的意欲。事实恰好相反,严重情绪困扰的人往往愿意别人与他倾谈,听他诉说对自杀的感受。如果故意避开不谈,反而会因被困扰的情绪无从分解而加重情绪问题。

- 学业问题是青少年学生自杀的主要原因。不少人认为青少年正处在求学阶段,学业问题的困扰是导致青少年学生自杀的主要原因。但有关研究发现,50％以上青少年自杀者的自杀原因涉及与父母的关系,其次是男女感情,然后是学校问题。

2. 预防大学生自杀的有效措施

应从以下几个方面加强对大学生自杀的预防:

(1) 大学生应该树立乐观、积极向上的生活态度。大学生涉世尚浅,对社会上的种种现实并不了解,所以,当他们真正面对社会时,各种压力、困难迎面而来,在他们的心中不免会造成消极的人生态度,对社会、对生活都失去信心,这种状态往往会造成他们萌生离开这个世界的念头。所以,大学生要培养乐观的人生态度,遇到困难不能自暴自弃,不论何时都应该积极向上,对未来充满希望和憧憬,无论遇到怎样的挫折困难都要抱着"我一定可以"的坚强的意志,要对自己有信心,对前途有憧憬,这样才会在遇到问题时不会陷入绝望中,不会放弃自己,这样的人生态度才可以帮助大学生变得更加坚强、更有韧性。总之,当代的大学生应该秉持坚强自信、乐观向上的生活态度来应对自己的人生。

(2) 加强对大学生的心理健康教育。自杀问题源于大学生的心理健康问题,所以加强大学生的心理健康教育就显得尤为重要。具体而言,心理健康必须具备以下7种能力:① 适应能力,能够迅速自我调节,适应社会;② 耐受能力,包括身体上的和心理上的;③ 控制能力,控制自己的行为和情绪,在适当的场合做适当的事;④ 直觉能力,能及时准确地感觉到身边的信息;⑤ 思维能力,对问题的正确分析判断能力,保持清醒头脑;⑥ 社交能力,和谐人际关系是大学生心理健康不可缺少的条件;⑦ 康复能力,面对挫折调整自己,尽快康复,积极面对生活。很明显,很多大学生并不具备这 7 种能力。然而,大学生却不可避免地要遇到各种各样的问题,现代社会的快速发展,市场经济的激烈竞争给当代大学生的学习和生活带来了巨大的压力,这些都会导致大学生的心理健康问题,所以,在遇到挫折时,能否有效地排解挫折带来的不良情绪、能否及时缓解压力就显得至关重要。心理健康教育正是教给大学生自我心理调适的技能,增强他们社会生活的适应力,帮助他们学会自我排压,提高心理素质,使他们的人格还有心理都全面健康地发展,让他们从心理上健康成长、走向成熟,防止他们采取极端的方式来应对问题。因此,加强大学生心理健康教育是预防大学生自杀的有效措施。

(3)大学生自杀危机干预机制的全面建设。自杀危机干预机制是一种预防自杀行为的应急措施,可以及时有效地制止自杀行为。这种危机干预机制的建设要求社会要建立起完善的社会安全网络,如建立心理辅导、咨询、治疗机构,并且将这一机构的工作力度渗入到最基层的组织。例如,学校除了建立心理辅导机构以外,还要把工作力度延伸到班级这样的小群体内,以此达到及时、有效、全面地保证大学生心理健康发展的目的。除了建立这样的系统以外,还应该有强烈的预防意识。有的大学生进行自杀行为之前,忧郁消沉的状态已经持续了一段时间,但是因为没有被及时发现,造成了悲剧的发生,这就要求学校乃至社会要有较强的预防意识,采取积极的预防措施。学校可以定期进行大学生心理健康状况的调查,或者组织大学生定期进行心理咨询,并且教授给大学生和教师识别自杀预兆的有关知识,以便能及时地发现某些学生的异常现象,及早进行干预,防止悲剧的发生。

(4)营造轻松的学习生活环境。除了对大学生给予心理上的教育和帮助以外,学校、家庭应该为大学生营造轻松和谐的学习生活环境。虽然大学生是一群即将面对社会进入社会的成年人,但是,由于涉世未深,他们的内心与长期在社会上奔波的人们相比还是很脆弱的,他们容易冲动和喜欢钻牛角尖。学校要将校园建设成健康、和谐、高雅、富有人文气息的精神家园,让学生们在学校里生活感觉丰富和充实,对校园产生安全感。而家庭应该给予大学生生活和经济上的自由,不要束缚他们的大学生活,也不要让自己的期望给他们带来压力,给予他们自由自在的轻松的大学生活。

课后小资料

"感谢同学不杀之恩" 成网络流行语

近日,关于高校凶案的报道接二连三:复旦大学投毒案沸沸扬扬,南航金城学院一男生被室友捅死,南昌航空大学一宿舍发现一具腐烂男尸,江苏科技大学一校区发生一起凶案。网友纷纷感叹:真是惹谁都不要惹舍友! 真心感谢我曾经所有的同学们,谢谢你们的不杀之恩!"防盗防火防舍友""惹谁都不要惹舍友,谢谢同学不杀之恩"的调侃一度成为网络流行语。仅新浪微博上的"微话题"讨论就有超过13万条。

网友"推开君"调侃说":大学越来越像杀手培训基地了。现在回想起来,真是惹谁都不要惹舍友! 真心感谢我曾经所有的同学们,谢谢你们的不杀之恩……"网友"酋长"评论说:"感谢我大学同学们的不杀之恩,感谢我单位同事的不杀之恩,感谢我身边能对我下手但是没下手的人们,突然感觉这个世界好危险。"网友"尼古拉斯_买买提"说:"珍爱生命,远离大学! 感谢同学们几年来的不杀之恩。"

尽管"感谢同学不杀之恩"只是一句调侃,但也有作家提出,"在案件尚未查清的日子里,网友口无遮拦地调侃凶案甚至随波逐流地夸大凶案带来的危害,不仅制造了社会恐慌与紧张,同时也是对生命的漠视,对逝者家属的二次打击。感谢舍友不杀之恩的调侃并不可取。"

这位作家说的也许有点过于严肃了,大学毕竟仍是一个充满友爱的地方,正如网友"想瘦的小李飞胖"评论说:"虽说大学是人生的驿站,但这一站遇到的人、经过的事则是一辈子的财富。借用现在的话'感谢同学的不杀之恩',我们才有这么久的回忆和陪伴。"